Modern Political Analysis
(Sixth Edition)

“十二五”国家重点图书出版规划项目
当代世界学术名著
政治学系列

现代政治分析

（第六版）

[美] 罗伯特·A.达尔（Robert A. Dahl）
布鲁斯·斯泰恩布里克纳（Bruce Stinebrickner） 著
吴勇 译

中国人民大学出版社
·北京·

序

在此新千年与新世纪到来之际，《现代政治分析》第六版问世了。此时，其直接前身（第五版）已出版十年有余。经年累月，光阴荏苒，其间又发生了诸多政治事件，而2001年9月11日无耻的恐怖主义袭击则肯定是其中最为重大的。然而，新版《现代政治分析》依然再次肯定了原版关于政治性质的经久视角和当代政治学家分析政治的方法。即便如此，这个版本也凸显了新加入的合著者布鲁斯·斯泰恩布里克纳（Bruce Stinebrickner）的笔力。他与原作者罗伯特·A. 达尔（Robert A. Dahl）一起，对先前的内容做了全面的改写和润饰。

第一部分对影响力和政治的性质进行了实质性的修改与重组，以便学生读者更容易掌握。第一章描述了处于不同影响力情境中的人们，从那些毫无影响力可言的人，到那些拥有巨大权力的人物（如希特勒）。只是在作了这些历史阐述之后，我们才以更为抽象的风格来论述影响力这一核心概念以及它与政治的关系，并将它与第一部分其余四章所讨论的现象联系了起来。

第二部分的四章论述了世界上种种政治体系的相似性与差异性，并大体保留了第五版的论证思路。但是，自先前的版本推出以来，苏联消亡了，世界一大片地域的政治景观因此而改变，这个星球上的主权国家数量也增加了。所有这些，都已反映在了第八章和第九章的相关图表中。不过，在第九章我们依旧保持了先前版本那种历经岁月考验却仍能站得住脚的主导方法，即分析有利于推进国家层面政治体系民主化的各种因素。在此，我们想要感谢斯泰恩布里克纳在迪堡大学（DePauw University）的同事孙尼尔·K. 萨瑚（Sunil K. Sahu）以及达尔在耶鲁的已毕业的学生迈克尔·科佩基（Michael Coppedge）对第二部分若干节和目的修订。从第六章开始直到第九章，萨瑚教授提供了许多与我们的分析有关的论著目录和数据资源，科佩基教授则在建立“多头制指数”（见图 9－1 与图 9－2）方面为我们提供了洞见。

我们对第三部分的两章做了实质性的修改，而且是以不同的方式。尽管第十章关于政治参与的分析纲要与第五版的大致相同，但我们还是在好些方面进一步梳理和完善了论证，并根据第五版以来相关研究的进展更新了引文目录。如果不提一提我们共同的朋友、耶鲁大学的戴维·R. 梅休（David R. Mayhew）就政治参与的新近重要研究给我们的指点，那我们就太过于怠慢了。梅休教授是斯泰恩布里克纳 20 世纪 70 年代在耶鲁的博士论文指导者，且与达尔在同一个系长期共事。我们都对他特有的学识和及时的帮助心怀敬意与感激。我们对第十一章（论述政治评价）的修改，意在简化和明晰我们的论点，以便学生读者更容易理解其中的要旨。

在第四部分，我们把既有的和新增的资料融会起来，写成了新的一章（标题是“现代政治分析有何好处?”），并以此对本书做了总结。在这一章，我们纳入了政治学家的近作，并以此来表明：政治科学能够做什么；除了学术界之外，它还能有什么意义与应用价值。

我们还要感谢各位评阅人。他们是：印第安纳大学—普渡大学（Indiana University-Purdur University）的迈克尔·C. 道恩斯（Micheal C. Downs），迪堡大学的克拉丽萨·佩特森（Clarissa Peterson），加利福尼亚大学伯克利分校（University of California，Berkeley）的罗伯特·普莱斯（Robert Price）。

直到克尔斯蕾·考夫曼（Kelsley Kauffman）对原稿做了校对和排版，我们才将其送到普伦蒂斯-霍尔公司（Prentice Hall）。她以敏锐的眼光捕捉到了好些错漏，我们要感谢她在编辑方面的及时协助。

我们不无痛苦地意识到本书所写的一切是远远不够的。然而，从第一版到现在，《现代政治分析》一直就被设计为一本薄书。其实，写一部更厚的书反倒会更容易一些。为了使本书接近其原版的篇幅，当我们增添节和目时就通常会删除原有的。我们希望，读者们仅仅把本书当成认识变幻莫测的经验世界的一个导论，而不是相反。

罗伯特·A. 达尔

布鲁斯·斯泰恩布里克纳

目　　录

第一部分　基础

第二部分　政治体系：相似性与差异性

第三部分　政治参与和政治评价

第四部分　政治分析：为了什么？

第一部分 基础

第一章
引入影响力：从最小到最大的事例

每个人，无论你是否喜欢，事实上都不能完全置身于政治之外。一位公民，在某个国家、城镇、学校、教会、商号、工会、俱乐部、政党、公民社团以及大量其他组织的治理机构中，都会碰到政治。政治是人类生存所无法回避的一个事实。每个人都在某些时候以某种方式卷入政治之中，而且政治还会对每个人的生活产生影响。

我们确实无法逃避政治，尽管我们或许会试着去漠视它。这就是我们力图理解政治的一个好理由。你想要理解政治，也许仅仅是为了满足你的好奇心，或者是觉得有必要领会你身边正在发生的事情，或者是为了从你面前的种种可能的选项中作出最佳抉择。也就是说，你理解政治是为了明智地行动。虽然对绝大多数人而言，作出更好的抉择大概是政治分析最强有力的动机，但是人类也常常有熟悉其世界的强烈需要。确切地说，任何人都能懂**一些**政治，但政治是格外复杂的事物，很可能还是人类所遇到的最复杂的事物之一。如果不具备处理政治复杂性的技能，人们就会草率或过分地简化政治，这就是危险。公正地说，我们认为，大多数人确实都把政治简单化了。当然，某种简单化是不能避免的，因此本书也简化了政治的复杂性。不过我们相信本书的简化还不至于那么过分。正如我们将要看到的，想要掌握理解政治所必需的基本技能并不容易。

正如标题所示，这是一部关于现代政治分析的书，一部关于当代政治学家上下求索以理解**政治**（politics）这个巨大、有趣而又重要的话题的书。为了论述现代政治分析，我们当然要先搞清楚我们所说的政治的意思；我们也需要讨论和解释**政治体系**（political system）、**政府**（government）与**国家**（state）这样的核心概念，因为大多数当代政治学家都把这些概念看成理解现代世界中最重要的政治事例的基础。这个段落所提出的任务就构成了本书第一部分的议程。

在第二部分，我们将论述现代政治分析怎样解答民主治理“如何”与“为何”的问题。在第三部分，我们将把注意力转到个人的政治参与和对政治行动的评价上。在第四部分，我们将讨论本书所阐述的现代政治分析的意义和用处。

从第一印象来看，我们在本书开头这一章的旅程好像要先绕个弯，然后才转到第三章，继而直截了当地论述“什么**是**政治”。本章将全力描述与**影响力**（influence）有关的事例。这些例子是我们从地球上有记录的人类历史中选取的，其中有纯粹影响不了他人的无助的个人，有对无数人产生过巨大影响力的著名历史人物，也有处于这两个极端之间的人们。在本章讲述完影响力事例之后，才会有第二章的更难理解也更具有概念取向的影响力分析。我们把影响力放在第三章“什么**是**政治”**之前**来讨论，是因为对我们和大多数当代政治学家而言，影响力是政治的核心所在。可见，影响力事例是我们力图解释政治和其后的现代政治分析的起点。

到此为止，我们一直使用着“影响力”这个术语，却并没有试图去界定它。影响力看上去有无数可能的形态和样式，往少了说就可以发现影响力和它的表兄弟——权力、控制、强制与暴力。考虑到这一层，为了一头扎进影响力的世界，我们打算推迟对影响力的定义和对相关概念的讨论。只有先讨论一些例子，我们才可以更轻松地在后面的章节中去澄清影响力和相关概念的含义。

事例：从最小的到最大的

就让我们从想象中的情形开始吧，在那里完全没有或极度缺乏影响力。由于这种极端状况与我们大多数人的经验相去甚远（不无幸运），我们只好要求读者凭借想象力和同情心进入我们所描述的人们的那种处境之中。

举例来说，你能想象完全没有影响力或一些人所说的毫无权力的情形是怎样的吗？近期的一项关于澳大利亚殖民点的记载，为我们提供了一幅活着的人所能想到的人类对自己生活的控制力近乎零的画面。[1] 1787—1868 年，大英帝国政府先后向澳大利亚运去了 160 000 名罪犯。虽然他们所承认的罪行通常并不比偷鸡摸狗的勾当更为严重，但他们受到的处罚却是骇人听闻的。下面是塔斯马尼亚（Tasmania）的一个场所的情形。

> 早上 6 点，犯人们被成群地赶上小船，然后被运到大陆上去砍伐木材。殖民点没有可用的牲畜，因为马和牛极难活着熬过从霍巴特（Hobart）过来的航程，更何况这里也没有足够的草料来饲养它们。这样，捆在一起的沉重的树干（有的重达 12 吨），就只得顺着一条被称为“松路”的、在森林地面上用圆木铺就的木排道，靠人力来拖拽。在高峰期，有时候一次就得把上百根圆木环链在木筏上，再从港口用捕鲸船将其拖运到锯木场。木筏到了撒哈岛（Sarah Island）后，让犯人们最遭罪的工作就开始了。他们必须连续数小时在齐腰深的冰水中用抓手将圆木拽上岸来。
>
> 犯人们每天的食品定量是 1 磅肉、1.25 磅面包、4 盎司燕麦片或玉米粥，以及食盐。那肉，是两年或三年前就用盐腌制而成的猪肉或牛肉。外科医生巴恩斯注意到，这样的肉常常需要被捣碎了食用，“因为它实在难以让犯人们下咽”。而且，他自己在马奎尔港（Macquarie Harbor）的 18 个月里吃新鲜肉的次数也没有超过六次。

这些罪犯几乎没有或只有少得可怜的影响力。同样缺乏影响力的还有另一些囚徒，即那些在 20 世纪 30 年代和 40 年代被关在纳粹集中营的人们。看一看纳粹集中营的幸存者犹太人普莱莫·列维（Primo Levi）的记述吧，那可以帮助你想象他们的生存境遇。[2] 列维是个罕有的例外。犹太集中营中几乎所有受害人的命运，不是早点死就是晚点死，有些人则死得更快。当列维和同车的囚徒到达波兰的奥斯维辛（Auschwitz）时，一批批令人望而生畏的盖世太保①就穿梭于各车厢的囚徒之间并询问一些看似不着边际的问题，比如："你多大岁数了?""你生没生病?"不到十分钟，病人、老人、妇女和儿童就被从其余的人中区隔开来并另行组队。他们再也不会被人碰见，因为毒气室才是他们的唯一归宿。

无疑，许多读者都会如自己在噩梦中挣扎那般去想象：他们难道就不可以逃亡或反抗吗？然而，在奥斯维辛（或其他纳粹集中营）却鲜有囚徒越狱或试图造反的事情。对此，列维的解释是：他们因遭受饥饿和虐待而士气低落；他们的囚服和被剃的光头使他们一出现就会被认出来；他们不会说波兰话；他们一旦被抓住就会被处死，而且往往是在经受酷刑折磨之后。为了恫吓囚徒，与被抓获者同牢房的人也将被拷打并处死，而且就在其他囚徒的眼前进行；受害人的朋友将被当成同伙，并被关进小牢房直至饿死；为了加大恐吓力度，尝试越狱者所在营地的所有囚徒都将被强迫站立整整 24 个小时。

现在，我们把视线移向一个个人影响力稍微大一点的地方。只要想象一下你是出生于内战之前美国南部或巴西的某个种植园的奴隶，就可以了。你的祖先在经历了贩奴船可怕的航程后活了下来。与塔斯马尼亚和奥斯维辛的囚犯一样，他们在船上也经常处于监禁之中，几乎没有什么影响力可言。作为奴隶，你是占有者的财产，可以由他任意处置，一概取决于他的判断、决定、习惯、道德感、同情心、情绪与狂想。为了生存，你必须尽你所能地去适应。不过，作为种植园的奴隶，你的境遇很可能比一无所有要略强一点儿。这只是因为，你作为你主人的财产，他对于把你的生存维持在一个足以保持工作的水准上有一些兴趣，或许还能让你生儿育女呢。你可以在工作中或在奴隶住所得到某种自主性；你甚至可以获得对于他人（儿童、家人，以及在地里和主人家劳作的其

① SS police，即"国家秘密警察"，其德语缩写为 Gestapo，音译为"盖世太保"。——译者注

他人）的权威；尽管机会极其渺茫，你或许还能成为成功逃离或从主人那里获得自由的少数幸运者之一。但是，这些都得取决于你的占有者和你所在的国家（你要是在巴西而不是在美国的话，得到的待遇多半会好一些）。

如此，你不是毫无影响力，但顶多只是略有一点儿而已。

让我们再试图想象一下比奴隶有更多的自主性但比 21 世纪工业化国家（比如美国）的公民拥有的自由少得多的情形究竟会是怎样的。或许，那就是中世纪欧洲或日本的农奴或农民，或者当今许多发展中国家的情形。下面是 20 世纪 70 年代多米尼加共和国的杰达阿里巴（Jaida Arriba，并非真实地名）附近的一个小村落的日常生活[3]，从中看到的就是如此。

> 埃里奥（El Rio）是吉普车道边的一个小村庄，从杰达阿里巴步行或骑骡马过来要两个多小时。大暴雨过后，三条河暗藏杀机，但人们必须涉水过去才能抵达清晨到城里去的陆虎吉普处。吉普被人、鸡与猪挤得满满的，小零碎则被塞在车内或被绑在车外，来晚了的人常常攀附在车背上或坐在行李架上任由颠簸。这些吉普是把村里与外界联系起来的少数工具之一。最近的医生，住在圣胡安-德拉塞阿城（San Juan de La Sierra），离埃里奥有两个小时的路程。圣地亚哥（Santiago）是距离最近的有着专业医疗服务、医院、大食品货栈、市场和大商店的城市，乘吉普三个小时才能到那里。当乘客们做买卖、看医生、访亲戚与闲逛时，吉普就在那里等上好几个小时，直到下午很晚才往回返。来自杰达阿里巴的许多人都得到夜里七八点才能乘车或骑车到家。
>
> 我问梅丽达（Melida）村里生孩子的事。她说她的十个孩子中有九个就是在一名助产婆的协助下出生在自己的家里。查癸托（Chaguito）把梅丽达带到圣地亚哥的公立医院生过一个孩子。这孩子过预产期五天仍未降生，查癸托担心了起来。在公立医院看病是免费的，尽管梅丽达得自带脸盆、杯子和勺子。大多数药品必须付费或到附近的药店购买。查癸托需要在旅行、食物与医药上支付大

约 35 比索，而那时他并没有钱。

“我到了唐·巴勃罗（Don Pablo）家，看他能否借钱给我，但他答复我他没有。我又去了乔斯（Jose）家。一无所获！那些人有两三千比索，但他们的钱只留给他们自己用。我绝望了。但就在这时，我的一位亲戚把我叫了过去。他听说了我遇到的麻烦，就对我说：‘瞧，如果你需要钱，钱就在这里了。’我告诉他我需要 35 比索。他把手伸进了腰包，然后说：‘这里是 40 比索。’事后，当我还他钱时，他对我说，‘不管你任何时候有任何需要，你都能指望上我。’”

还有另一种可能：设想一下你自己是 20 世纪某个高度压迫性的独裁政权下的属民或公民。在那里，你的生活会因为几句最为纯粹的窃窃怨语甚或某个没有根据的猜疑而陷于危难。但是，尽管这些独裁政权有种种不同的高压手段，它们也都允许其属民有一定程度的自主性、控制力与影响力。比如，一些独裁政权能容忍范围令人惊讶的杂志、报纸与其他的文字表达形式的存在，却禁止公开集会和政治组织；另一些允许高度开放的公共言论，也允许政治组织的存在，却能有效地防止人民组织竞争性的政党，严格限制人民参加有可能导致掌权者下台的自由选举。

到此为止，我们的事例集中在了澳大利亚的罪犯、纳粹集中营的囚徒、美国与巴西的奴隶以及 20 世纪晚期多米尼加共和国的农民。如前所言，在这四类人中，罪犯、集中营囚徒与奴隶无疑是最没有影响力的。在已经援引的事例中，我们还应该注意到其他被我们刻意隐去或完全忽略的有关人员：那些负责监管澳大利亚的罪犯与纳粹集中营囚徒的人，以及占有并管制美国与巴西的奴隶的人。

当一个人如我们在例子中提到的罪犯、囚徒和奴隶般缺乏影响力时，其他一些人如看守、占有人和监管就对那些毫无影响力的个人施加着巨大的影响力。看守或奴隶主的巨大影响力是以犯人或奴隶的无可奈何为代价的。一个纳粹集中营的看守可以突发奇想去杀害一名囚徒，而且通常不会被问及任何问题，在事后也不会产生什么反响。但是，就连看守、奴隶主和监管那么大的影响力，也无法与占据高位的个人的非凡影响力相比——他们的职位高高在上，处于影响力的巅峰，在那些毫无影响力的人看来或许是人类所无法企及的。

我们提到过独裁政权，并清楚地用它来指代希特勒的政权。在20世纪存在过的几个独裁政权中，单独一个人或顶多是一个极小的领导集团手中就集中了掌控无数其他人类命运的影响力，因此我们简直无法想象还会有比这更大的集中控制。在希特勒的统治下，每个领导人的影响力与其他无论是早先的还是当代的所有政权相比，都是那么极端，以至于人们杜撰了**极权统治**（totalitarian）这样一个新词来命名这些政权。要描述独裁政权，用我们这点篇幅是远远不够的。但是，至少应该清楚：希特勒在设置与维持德国的集中营方面所发挥的影响力，是任何单独的看守或奴隶主所不能比拟的。而且，希特勒在别的领域当然也很有影响力，比如当他指挥他的将军把人们送上战场时，以及以那种方式展示的总体影响力的其他方面。

对希特勒所发挥的巨大影响力的简短讨论，把我们的注意力引向了影响力的重要限制条件上面。即使在极权主义的独裁政权里，领导人的影响力也不是没有限制的。[4] 希特勒他死于1945年，在柏林地下的一个钢筋水泥掩体内，多半殁于他自己之手。其葬身之地，处于他自己国家被战火摧毁的片片废墟之间，处于他所声称必将永世长存的那个政权的腐尸之上。

民主国家中公民的影响力

我们所列举的事例，涉及从毫无影响力的人（澳大利亚早期的罪犯、纳粹集中营的囚徒、美国的奴隶）到生活在非民主政权下的有一定程度影响力的普通人，再到处于影响力巅峰的如希特勒那样握有令人恐惧之权力的独裁者。现在，让我们转向民主国家的公民。他们的影响力与非民主国家的普通人一样，处于前面讨论过的两个极端之间的某个地方。由于要再次延迟定义问题，我们只好在这里假定：我们对这里所称之“民主国家”的含义[5]，持有大体一致的看法。

你或许想要我们直截了当地把民主国家公民的影响力描写出来。但事实上，这个问题的确异常复杂，以至于从对其构成的适当描述开始就充满了学术争论。

然而，我们可以这样开始，即假定：民主国家的公民具有获得参与政治生活之一系列机会的资格；具有掌控政府、影响本国其他公民或组织的资格；具有组建或加入种种政治的、宗教的、经济的以及其他社团的资格；而且还握有关于他自己行为与个人生活的广泛的决策权。

然而，每个人通过简单的观察就应该明白，民主国家的公民并不具有平等的权利。

让我们忽略小孩的情况，只考虑成人，且仅以工作为例吧。无论何时何地，对绝大多数人类而言，工作主宰着日常的生活。通观整个世界、整个历史，工作总是按某种等级制来实现控制：上级与下级，老板、工头、工人，发布命令与执行命令，再平常不过了。于是，一名来自美国东北部化工厂的工人在回答提问时如是说：

> 问：雇员们曾被问及他们关于工作情形的意见吗？
>
> 答：没有，没有，从来没有。你会听到大量的谣言。然后，你只当它是例行的消息发布。什么都不与雇员商量，或者说雇员对任何有关的事情或对任何的变化都没有任何的发言权。
>
> 问：当需要作出与工作有关的决定（我的意思是某些）时，由谁来定，你又是如何知晓的呢？
>
> A答：由高高在上的人决定，而我们是最后听到的人。我们根本就没有发言权，如果这就是你问的。计时工什么都不是。这是一个糟糕的状况。我看这状况天天重复，而且越发恶劣了起来。
>
> B答：谁？我们？听我们的？他们并不在意我们这些跑龙套的。他们只要我们好好地干活，不闹事，安静地走出厂门。那就是我所做的。如果我有什么告诉他们，他们也听不进。[6]

安全，是这家化工厂的一个主要关切问题。然而在关于安全的会议上，只有几个胆大的雇员站出来讲话，而大多数的人则似乎什么都不说。[7]

工人们对运行中的控制等级有着不同的反应。在上面提到的那家化工厂，许多人都接受了它。他们或许不无痛楚，但仍把它当成了一种理所当然的生活事实。在20世纪30年代，一位阿巴拉契亚山区（Appalachian）的煤矿工人表达了许多矿工在面对矿业公司控制时的无助：

> 我认为与任何别的公司一样，它们要主宰那里人们的性命……他们做到这一点的办法就是把一切据为己有。而且，自然而然地，如果一个人在矿业公司工作，在公司的商店购物，在公司的房子里居住，那么他就会觉得他或许应该在政治上和社会上与他所切身感受到的东西保持一致。[8]

一些人以罢工这样一种由来已久的方式反抗；另一些人则通过更为公开的集体行动反抗：他们试图合法地建立工会或印刷出版机构，以防范无节制的管理。例如，当煤炭工业在大萧条（the Great Depression）中崩溃时，在南阿巴拉契亚的矿工中就“生成了一种反抗的情绪”。

> 一位流露出这种情绪的矿工言道：“即使你是一个‘一无所图’的奴隶，你最终不也得变老嘛。”[9]

矿工们成群地涌向一个工会——美国矿业工人联合会（UMWA）。然而，不出意料地，他们获取对工会承认的企图遭到了矿产公司的决然反对。它们解雇工会成员，把他们赶出公司拥有的住宅，并取缔了他们在公司商店的信用贷款——那是他们获取食物与其他必需品的依凭。在肯塔基州的哈伦县（Harlan County）：

> 就在罢工的前夜，两名矿工在哈伦被杀害了。1月3日，也即罢工的第二天，矿业工人联合会在派恩维尔（Pineville）的总部遭到了代理人的冲击。九名组织者因工团主义（syndicalism）的罪名而被羁押，同时有750名矿工与支持者为声援他们向监狱开进。1月4日，国际劳工保护联盟（ILD）的律师阿兰·陶布（Alan Taub）来为他们辩护，但他自己到派恩维尔还不足两小时就被逮捕

> 了，并被关押了八天。同时，有谣传说：在加特里夫（Gatliff）有六个人被杀害；1月7日，在贝尔县（Bell County）有十多个人因工团主义罪名而被逮捕。在罢工的第二周，一位黑人组织者基尔·格林尼（Gil Greene）在米德尔斯伯勒（Middlesboro）被逮捕；两位关键的组织者韦伯（Weber）和邓肯（Duncan）被克莱蓬县（Claiborne County）的行政司法长官抓获，并且遭到了毒打，几乎性命难保。1月14日，一位19岁的组织者哈里·西蒙斯（Harry Simms）在肯塔基的巴伯维尔（Barbourville）附近遭到枪击，死于刺客之手。他的遗体被送到纽约后，2 000多人紧随其后，举行了一场从宾州车站（Penn Station）到联合广场（Union Square）的送葬大游行。与此同时，在米德尔斯伯勒的市区康伯兰蒂斯（Cumberlands）美国矿业工人联合会的一切会议也都停止了。随后，在克莱蓬县珀威尔谷地（Powell Valley）附近的一次秘密会议上，又有15位领导人被逮捕，而那时都已经是3月20日了。当地的行政司法长官弗兰克·赖利（Frank Riley）通告说，他只不过按指令驱散了一个"通宵聚会"[10]。

更多、更血腥的冲突接踵而至。在与雇主、州政府以及联邦政府的对抗中，矿工们败下阵来。然而两年以后，随着更具有同情心的国会和总统的就位，"他们的权力处境再次发生了变化，而这一次是因为联邦政府的介入"。这次介入，以新的立法形式保护了矿工加入工会以及作为集体与雇主讨价还价的权利。但可笑的是，矿业工人联合会本身倒是高度等级化的，其控制权高度集中于其领导人约翰·L. 刘易斯（John L. Lewis）之手。他要求："要么忠诚，要么退出。"[11]

这个事例中涉及的人，大大不同于早先事例中毫无影响力的澳大利亚早期罪犯与纳粹集中营的囚徒。可以肯定，这里说到的工人并非都缺乏影响力。只不过，当别人在他们生活的关键领域发挥影响力时，他们缺乏进行实质性控制的能力。显然，我们所选取的那些事例是极不完整的，在任何意义上把它们想象成典型的或有代表性的，都会大错特错。对民主国家公民的更全面的考察将会显示：不同的公民，在不同的问题上，在不同的时间段，在不同的环境下，发挥着不同的影响力。

不过，假使我们跳过这无数的不同，直上巅峰，就会看见民主国家中的一小群特殊的公民。他们在经济生活、政府活动、意见交流以及教育与科学等方面都是最有影响力的参与者。充分描写占据民主国家影响力巅峰位置的那些人，将会是一件让人望而却步的事情；尽管一个记录就可以包含无数的细节，但在任何民主国家似乎都还不曾有过任何说得上完全充分的描述。理由再明显不过了：哪怕只描述任一国家的位于巅峰的任一职位，例如美国总统，一般说来也得写一整部严肃的学术著作。然而，就我们的目的而言，只需再次指出这样一点或许就已经足够了。那就是，与那些国家所有的其他公民相比，处于巅峰的人们的权势再大，他们各自的影响力也是高度受限的。这种影响力受制于业已确立的惯例、法律和其他制度，受制于无法逃避的资源稀缺性，受制于事件，还要受制于其他有影响力的人物，其中当然少不了别的领导人——也即那些可以作为个人单独地或作为非正式或有组织的团体的成员来集体地采取行动的人，以及那些不仅可以在本国的边界内也可以在世界其他地方显示其存在的人。

注　释

[1] 引自罗伯特·修斯（Robert Hughes）：《致命的湖岸》，374～375 页。罗伯特·修斯 1986 年版权，获阿尔弗雷德·A. 克诺普夫股份有限公司准许重印（蒙威廉姆·科林斯有限责任公司英联邦/联合王国权利特许）。

[2] 普莱莫·列维：《如果这是一个人》（都灵：圭利奥·埃诺迪出版社，1976），26～27 页、239 页。

[3] 肯尼斯·夏普（Kenneth Sharpe）：《农民政治》（马里兰州，巴尔的摩：约翰·霍普金斯大学出版社，1977），6 页、17 页。

[4] 对人们抵制掌权集团控制方式的详细讨论，可参见詹姆斯·C. 斯科特（James C. Scott）：《支配与抗拒支配的艺术：藏匿的记录》（康涅狄格州，纽黑文：耶鲁大学出版社，1990）。

[5] 关于我们对“民主”构成的讨论，请见本书第八章。

[6] 马克·R. 伦德勒尔（Marc R. Lendler）：《只说关于工作的生活》（旧金

山：M. E. 夏普出版公司，1990），81 页。

［7］参见上书。

［8］约翰·加文塔（John Gaventa）：《有权与无权》（伊利诺伊州，厄巴纳：伊利诺伊大学出版社，1980），93 页。

［9］同上书，96 页。

［10］约翰·加文塔：《有权与无权》（伊利诺伊州，厄巴纳：伊利诺伊大学出版社，1980），102 页。

［11］同上书，117 页、121 页。

第二章
什么是影响力?

在第一章，我们描述了几种情形，以显示不同个人在影响力多寡方面的区别：一个极端是早期的澳大利亚罪犯和纳粹集中营的囚徒，另一个极端是阿道夫·希特勒。我们陈述这些事例，是为了指出影响力在表现自身时的大量形态和形式中的少数几个方面。在本章，我们将担负起直接阐释什么是影响力这一更为艰巨的任务。

标准术语的匮乏

在第一章提到的事例中，我们以一种宽泛的方式使用**影响力**，并偶尔使用**权力**（power）、**控制**（control）和**强制**（cocrcion），但并不试图弄清楚它们的含义。不幸的是，无论在日常语言还是在政治分析中，在大致可以称之为“影响力术语”的定义和用法上都还没有达成共识。

与其他人一样，政治学家使用着形形色色的术语，却常常不加以界定。而当他们真要加以界定时，其定义也是五花八门的。虽然不同的影响力术语在历史上一直是政治分析的中心，但许多理论家似乎都像亚里士多德曾经认定的那样：不必对这些术语作太过精细的解释，因为但凡有些常识的人都能理会它们的意思。就连马基雅弗利这位在探究影响力和权力方面如痴如醉、无人可及的高人，也使用着许多未加定义的术语来解说政治生活。然而，与政治思想史中的过去几千年相比，最近的半个世纪却见证了人们在界定这些概念方面更为系统的努力。其结果就是，在概念的澄清方面取得了重大的进展。不过，学者们依然不能就影响力的含义达成共识。某位作者所用的“影响力”却是另一位作者的“权力”。而且，就在我们说 A 的影响力（或权力、控制力等）大于 B 时，也不容易把其中的意思精确地固定下来。

我们当然不能忽视这些困难。但是，当代政治学家在分析和理解影响力与相关术语方面的某些进步却使我们深受鼓舞。在这一章，我们将推出一个清晰的影响力定义，一个我们用来锚定本书后继分析的定义。不过，我们将首先提出几个观点，以解释我们是怎样得出这个定义的。

影响力与因果关系

当我们想象一个人［我们且称她为艾莉森（Allison)］影响另一个人［我们管他叫比尔（Bill)］时，我们比较典型的想法就是：艾莉森使得比尔去做某件事或别的什么事情。例如，艾莉森要比尔在周六晚上与她一起去看一场特定的电影。另外，再回想一个事例，美国的奴隶贩子与奴隶主给那些被强行从各自的家里抓来并违背其意愿被运往“新大陆”（the New World）做奴隶的那些非洲人的生活肯定带来了巨大的变化。“使得”（getting)、“左右”（affecting)、“引起”（bringing about）这些日常会话中的用语所表达的就是影响力的事例，正如我们刚刚在这里用它们来讨论艾莉森、希特勒与奴隶主的影响力一样。每个这样的用语又都是以另一种方式在说：一个人或一群人**致使**（cause）另一个人或另一群人去做他们在别的情况下不愿意做的事情。于是，一些作者把影响力及其相关术语清晰地定义为因果关系。[1]

哲学家们表示，因果关系思想包含的困难比非哲学家们所能想到的要多得多。然而，不管哲学家们对我们关于因果关系之理解的充分性持有怎样的保留，看上去显而易见的却是：如果我们不感受并作用于世界，我们就不能在这个世界上生存，更不要说舒适地生活在这个世界上了。我们需要造成某种结果，诸如有机会让自己吃饱以维持生存；我们也需要避免引起某种后果，例如饿死。总之，为了活得舒适，而更要紧的仅仅是为了活着，我们就必须使某些事情发生，而使别的事情不发生。进而言之，我们只着眼于左右或改变自然或我们自己是不够的，我们还需要影响其他人的行动。[2]

我们人类在我们的正常生活旅程中需要使得，也即**致使**其他人做些事情。不仅如此，这一人类活动——**一个人或一群人对另一个人或另一群人之行动和意向的影响**——也正好构成了我们所说之现代政治分析的焦点。当我们在日常语言中说一些人左右或改变着动物行为、自然力量或他们自己（“他使得他自己减少了 15 磅体重”）时，这类关系或活动并不是那种政治分析所聚焦的影响力。在政治分析中，我们通常只用影响力这个术语来表示包含着一个人或一群人影响另一个人或另一群人之行动和意向的种种关系。

在我们结束关于影响力与因果关系之间关系的讨论之前，我们还应该注意到：政治学家并不对艾莉森和比尔之间、纳粹集中营的看守与囚徒之间的所有因果关系都有同等的兴趣。政治学家更感兴趣的是那些在他们看来更为重大的影响力事例，而非影响力更小的事例。在后面，我们还将展开这个论点，但我们现在就得明白：与艾莉森使得比尔在周六晚上与她一起去看电影相比，政治学家对希特勒把上百万犹太人送进野蛮的集中营的那种影响力要有兴趣得多。

在讨论影响力与因果关系的背景下，我们还需要明确我们所称之为**积极影响力**（positive influence）与**消极影响力**（negative influence）之间的区别。假定艾莉森正在谋求一个政府职位，需要并要求人们为她投票。她作了一场讲演，摆出了她在一个重大议题上的立场。但是，她的立场非但没能吸引来比尔的支持，反倒使他投票反对她并支持了她的对手。虽然艾莉森的讲演影响了比尔的投票行为，但她的讲演却导致他投票支持其对手，这与她争取候选人资格所希望得到的有利结果正好背道而驰。换句话说，艾莉森施加给比尔的是消极的影响力。如果影响力的施加者能让某人去做从影响力施加者的角度看是正面的或有利的某件事，那么这种影响力就是积极的。相反，如果影响力的施加者引发了不利的或负面的后果，那么这种影响力就是消极的。

虽然消极的影响力因其特殊的重要性而值得记取，但在政治分析中我们通常感兴趣的却是积极的影响力。于是，此后的影响力术语就总是指那种结果对影响力施加者有利或积极的因果关系。[3]

利益、欲望与影响力的定义

利益对欲望

但是，在什么意义上结果才有利于或正面于施加影响力的行动者呢？搞清楚诸如影响力和权力这些术语的含义十分重要，因为这是一个关系到**谁的**结局或目标的问题。有一种重要的观点认为，艾莉森的影响力是她造成与她的欲望或偏好相一致的结果的能力。[4] 然而，这种看法却受到了其他人的挑战，他们试图把影响力概念建立在他们觉得比人类的欲望或偏好更为实在与更为重要的基础之上。因此，他们论证说，影响力应该被看成一种能够引致内含**利益**（interests）之结果的能力。这种新异的见解又是用两种不同的方法得出的。最值得一提的，大概就是史蒂文·卢克斯（Steven Lukes）的提法，他的权力概念就是“根据当 A 以一种与 B 的利益相反的方式影响到 B 时，A 就对 B 运用了权力（或影响力）”[5] 而提出来的。

利益概念中的难题

卢克斯的权力概念遇到了几个严重的困难。先说卢克斯对 A **有利于** B 的利益的影响力形式的排除，这不仅与日常语言中的通常用法相反，就是在政治科学与政治哲学中也显得特别武断。由于排除了所有 A 的控制并非与 B 的利益相反的情形，卢克斯的定义武断地略去了我们可以合理地当成包含影响力的事实。例如，艾莉森逼迫她那个爱闯祸的儿子只许在自家的小后院里玩耍，以防那个孩子到热闹的大街上去闯荡。如果我们真的有自信得出A的举动在于保护B的利益而并非相反的话，那么这确实就应该是这样的一个例子。对此，难道我们可以依照卢克斯定义所要求的来说，艾莉森并没有对这个孩子运用影响力吗?

我们可以通过忽略B的利益而只考虑A（“权力占有者”）的利益的办法来绕开这个困难。于是，詹姆斯·G. 马奇（James G. March）建议我们这样来定义权力，即“权力是诱使他人，以有助于权力占有者利益的方式行动的有些像能力一样的东西……”[6]

但是，我们在这里又碰到了第二个存在于任何一个定义（无论是卢克斯的还是马奇的）中的难题：影响力或权力定义的确定回过头来又得取决于“利益”的含义。在艾莉森和她儿子的特定例子里，孩子的“利益”并无太大的或然性。但是，仅就影响力与相关的术语如权力而言，“利益”也异常难以界定。在大量具体的事例面前，不管以什么方式尽力避免得出高度争议性的判断，都是困难的。法律要求骑摩托车的人戴上头盔，那么这条法律是违背了骑车人的利益还是保护了他们的利益呢？如果我们说这条法律与他们的利益相反，那么根据卢克斯的定义，法律制定者就对骑摩托车的人动用了权力或影响力；但如果说这条法律保护了他们的利益，那么对卢克斯而言，法律制定者就没有对骑摩托车的人动用权力或影响力。为了决定权力或影响力是否发生，我们首先需要解决利益的问题。

要解答由什么构成B的利益这个难题，我们的判断就会严重地依赖我们的那些或明晰或隐晦的利益理论。我们将任何术语用于现实世界，在某种程度上都会以关于世界的某一个**理论**为先决条件。这话虽然没什么错，但有些术语对理论的依赖却远非别的术语可比。“苹果”的理论依赖性（theory-dependent）要小于“原子”，而“原子”又小于“夸克”。幸运的是，几乎所有的人都对与“苹果”有关的理论没有异议，绝大多数物理学家也同意与“原子”有关的理论，况且自20世纪60年代中期以来绝大多数物理学家还就与“夸克”有关的理论达成了实质性的共识。像“夸克”、“自由”与“民主”，以及“利益”这类术语都是强理论依赖性的。[7] 于是，如果影响力的含义依赖利益的含义，那么，我们首先就需要就某种关于人类利益的理论达成一致。否则，我们就不能在艾莉森对她的儿子或立法者对骑摩托的人是否动用了影响力的问题上达成一致。而且，关于人类利益的那些理论，都是哲学、政治科学和社会理论中最有争议的理论。

即使我们只考察那些一眼望去就显得清晰易解的事例，也被证明是困难的。来看一看第一章中介绍过的阿巴拉契亚山区煤矿工人的案例吧。假设那里的描述大致准确，就会有这样一个陈述：直到 1933 年，为了阻止矿工们获得对矿业工人联合会的承认，矿业主还经常与州和联邦的官方联手对矿工（与其他人）施加影响力。那么，谁又会对这个陈述有争议呢？但是，要判断究竟工会是为矿工的利益着想还是阻止工会有利于矿工的利益，我们就需要一种能兼顾长期和短期利益的理论。如果我们碰巧与许多人共享一个理论（尽管它并不那么严密），我们就能从中推导出：工会是为矿工的利益而存在的，而且也非常可能符合他们的长期利益。但这是一个争议性很强的理论。严格坚持经典经济理论的人可能会说，工会对竞争性的劳动力市场加以限制，因而在实际上有损雇主、工人和消费者的长期利益。在这里，我们又一次看到了“利益”概念是如何依赖有争议的理论假设的。由此推之，如果我们把利益概念结合到影响力和权力的概念之中，那么除了最简单的情形外，我们对影响力的描述就定然是非常有争议的。

把影响力与利益分开的好处

根据前面已经说过的利益概念的困难，我们应该很容易看出不依赖利益概念而直接定义影响力的好处。而且，即使我们在定义影响力时全然抛开利益概念，也无碍于我们去分析利益与影响力之间潜在的重大关系。例如，我们可以讨论在周六晚上去看电影这件事情上艾莉森对比尔发挥的影响力究竟是符合她的利益还是符合他的利益。这样的分析要求我们阐明一种适合艾莉森与比尔的利益理论，但如果我们在定义影响力时全然不理会利益概念，我们就没有必要面对这样一个任务。而且，我们认为这也是能够办得到的。

影响力的定义

考虑到将“利益”结合到影响力概念中的问题，我们宁愿从“A有能力导致有利于A的偏好和欲望的结果”这样一个角度来定义影响力（以及相关概念，如权力、强制和暴力等）。明确“偏好”（preferences）和“欲望”（desires）的含义绝非没有困难，但它们的含义肯定比“利益”要更少依赖高度争议的理论假设。[8]

但在定义影响力与相关术语时，我们把什么当成恰当的结果呢？特别是，应该把自然力也包括进来吗？在日常语言中，我们会谈到对自然的影响力和权力（控制大自然的力量），对动物的权力，诸如此类。但在政治分析中，这样的术语通常只在狭义上被应用于**人类的**行动和意向。

那么，对我们而言，影响力可以被定义为：**人类行动者之间的这样一种关系，即一个或更多行动者的需求、欲望、偏好或意图，以一种与影响力施加者的需求、欲望、偏好或意图在方向上一致（而非相反）的方式，左右一个或多个行动者的行动或行动意向。**[9]

这个定义，与我们从直觉上对影响力含义的领悟相吻合，也与政治学家和其他社会科学家对这个术语的普遍理解相一致。我们的定义还考虑到了先前讨论过的几个问题以及争议。特别是，我们的定义首先明确地融入了影响力作为因果关系中的原因的思想。其次，排除了人类与自然、动物等之间的关系。再次，避开了利益概念及其内在的困难。又次，我们的定义并**没有**排除琐细的或在总体设计上并不重要的影响力情形，它把希特勒对无数在纳粹集中营中被屠杀的犹太人和别的“不受欢迎的人”的影响力，**以及**艾莉森使得比尔在周六晚上陪她看电影的影响力都囊括了进来。如同我们已经提到的，这两个例子都可以被恰当地理解为有影响力的情形，尽管政治学家通常对前者而非后者更有兴趣一些。最后，如我们已经说过的，政治学家能够而且确实把影响力区分为积极的与消极的。我们的定义包括了积极的影响力，却排除了消极的影响力，因为政治分析关注的是积极影响力的情形或样式。

何谓更多或更少的影响力？

我们小心翼翼地确定了影响力的定义，但仍须面对一个重大的挑战。在描述影响力与其“伙伴”时，我们时常想问一个行动者的影响力是否多于另一个行动者。有时，答案是显而易见的。对照一下第一章中早期的澳大利亚罪犯、纳粹集中营囚徒和美国奴隶与冷酷的20世纪的独裁者希特勒，我们就会毫不犹豫地断言：罪犯、囚徒和奴隶处在影响力的底端，希特勒则处在影响力的顶端。很难想象任何心智健全的观察者会不同意这个结论，即希特勒拥有比别的团体中的任何个人行动者更多的影响力。

但并非所有对行动者影响力的比较，都能如此轻易地得出结论。谁更有影响：是美国的某个大制造商，还是美国某个大州的州长？是英国首相，还是法国总统？是美国众议院的议长，还是参议院多数党的领袖？是一个名声显赫的国际恐怖主义者如奥萨马·本·拉登（Osama bin Laden），还是巴基斯坦的政府首脑？

我们除非能以一种令人满意的方法来测量影响力，否则几乎不能确定处于某个特定人群的不同行动者或处于不同时间或环境中的同一行动者的**相对**影响力。我们并不打算提供一种测量个人行动者的精确的、严格的数学意义上的方法，但还是可以提供一些有用的观点和概念，它们可以帮助政治学家设法解决在比较一个行动者与另一行动者的影响力总量方面的问题。

影响力的分布

很显然，对任何一个群体——家庭、学校、教堂、街坊、商号、工会、城镇、城市、国家、国际社会，或就你所知的群体中的影响力的令人满意的描述，都要求我们对影响力在它们中究竟如何分布说出些什么来。理想情况下，我们一定希望能作出与描述收入、财富、教育、寿命预期与分数等的分布相当的那种描述。

经济学家、人口统计者和决策者通常需要知道一个国家的收入与财富是如何分布的。在美国公民中，收入或财富的不公平有多严重？税收对收入分布的影响有多大？白人和黑人之间的工资收入鸿沟正在缩小吗？劳动力中的男女差距正在缩小吗？在测量收入时，经济学家的一个优势是存在作为交换与测算媒介的货币。虽然货币并不是衡量一切东西（比如我们所考虑的收入）的完美尺度，但出于多种目的，我们真正想知道的是以货币形式获得的收入。货币也是一种令人满意（尽管并非完美）的财富指标。于是，尽管作为衡量尺度的货币有不完美之处，但在描述财富和收入分布上却是绝对有用的。但很遗憾，政治学家并没有同样有用的尺度来描述一个特定群体中的影响力分布。

影响力的分级

我们在第一章中关于处于影响力底端的人（澳大利亚罪犯、纳粹集中营的囚徒等）与处于影响力顶端的人（希特勒）的事例，不应该与我们在本章所说的人们中间的影响力分级相混淆。在绝大多数社会的绝大多数时间，绝大多数的人既非在影响力底端，也非在影响力顶端，而是处于底端和顶端之间无数的层次、地位与级别上。显然，把不同行动者的影响力描述为一或零、全有或毫无，并不能表明影响力分布的这一基本复杂性。简单地将行动者分为有权力的和无权力的，或者支配的与从属的，会过滤掉大量我们有必要知道的影响力种类。想象一下，如果仅仅将有收入的人分为两个群体——低于或高于某个水准的人，那么，这一收入描述会是多么不完善；进而，如果仅仅将一个国家的人分为两种——亿万大富豪和在死亡线上挣扎的人，那么，这一描述就只能是彻头彻尾的误导。然而，令人惊讶的是，一些人在描述影响力时真就犯下了这类低级错误，例如，一些作者在把“精英”与“大众”的区分当成对一个国家影响力分布的充分描述时就是这样。

影响力的范围和领域

我们曾经说过，政治分析常常关系到行动者的相对影响力。我们还说过，我们通常可以指望对一个社会中的影响力的实际分布进行分级。这些，对于理解影响力分布是必要的，但要描述在一个特定的行动者群体中影响力的真实分布，我们就需要回答“影响力分布相对于**谁**与相对于**什么**”这个问题。如果比尔是一个奴隶主，那他对他自己的奴隶就有巨大的影响力，特别是就他们的工作和生活条件而言。但是，他对附近的一名自由农夫或对另一个种植园主的奴隶就不会有同样的影响力。一个行动者所能影响到的那些人，有时被称为这个行动者的影响力**领域**（domain）；这个行动者所能影响到的事情——那个特定的“什么”，有时被称为这个行动者的影响力**范围**（scope）。[10] 我们很容易发现，诸如“比尔具有大量的影响力”这类断言并没有指明影响力的领域和范围，而是漏掉了关于比尔的影响力的一些最关键的相关信息。

范围和领域这样的概念虽然很有用，却难以解决在比较不同行动者影响力时遇到的所有问题。由于影响力是一种因果关系形式，所以A对于一个结果的影响力在量上应该相当于由A的欲望所导致的结果（B的反应）的量。这种方法是如此直截了当，理论家们却对其退避三舍，因为要测量一个可以被归于假想原因的结果的比例是困难的。[11] 然而，尽管有这样的困难，但这种方法的确能开阔思考和研究的视野，因为它终归要回到那个本质性的问题：某些行动者的需求与欲望究竟在多大程度上影响到了其他人的行为和意向？不管你采用什么方法来得到答案，只要把影响力当成一种因果关系形式，这个问题就提得正好。

即便我们可以合理地采用定量方法来估计一个行动者在一个给定的领域和范围内的影响力，我们仍然会面临一个问题：如何把一个行动者在不同范围和领域内的影响力相加，以求得其所施加的影响力总量？例如，我们何以确定美国总统在总体上是否发挥着比美国国会还要大的影响力？

这里的问题是：在权衡范围和领域方面，似乎并没有一种令人满意的客观方法。范围，一如对外政策、税收、拨款、舆论与选举等，或许是五花八门的；而领域，从众多的投票人到碰巧成为一个有权势的议会委员会主席的某个人，或许又是变幻不定的。如果艾莉森在一场选举中能够动员一万名选民，比尔则能够说服议会拨款委员会主席支持他的动议，那么更有影响力的是艾莉森还是比尔呢？合理的说法好像是：当且仅当艾莉森的影响力在所有的范围和领域都与比尔持平且至少在一个范围和领域内大于比尔时，艾莉森的总体影响力才会大于比尔。不过，正如我们的例子所暗示的，现实生活并不总能产生裁剪得如此规整的情形。尽管我们可以试着对不同方面的影响力给出权重，但得出的分量却肯定是武断的。假定税收的权重是1，那么对选举办公室的提名权又应该给出多少权重呢——2，5，1/2？时下并没有一个单一的最佳办法来解决一个行动者在不同范围或领域中所运用的影响力的可比性问题。虽然诸如分布、分级、范围、领域等概念可以用作观察和分析影响力的指南，但要精确、可靠地测量行动者的影响力，在理论上以及在实践中都仍然存在困难。然而，对形形色色的政治观察家而言，**影响力**的中心地位仿佛是不言自明的，因此他们要努力回答的就是如此这般的问题：什么人或什么团体对议会的税收措施最有影响？谁有意于提出议案，赢得别人对议案的支持，绕过反对，使议案得以通过，废止或阻挠别人的议案？为什么有些政策问题从来都不会成为公共议题呢？

当代的政治学家已经帮助我们深化与扩展了对影响力和相关术语的理解。不要说政治学家，就连严肃的政治观察家——新闻记者、竞选顾问与选举上来的公职人员——在他们试图理解和分析政治时，也都密切地关注着影响力。换句话说，接受过政治分析训练的职业政治学家和那些对政治有兴趣的“外行”似乎都会同意：影响力处于政治的核心。那么，在第三章和第四章我们就直接去讨论**政治**以及相关的三个非常重要的术语——**政府**、**政治体系**与**国家**吧。

注　释

［1］这一观点出自杰克·H.奈格尔（Jack H. Nagel）的《对权力的描述性分析》（康涅狄格州，纽黑文：耶鲁大学出版社，1975）一书和《规范价值与经验概念的联姻：相互整合还是彼此歪曲？》一文——见伊安·夏皮罗与格兰特·瑞赫尔（Shapiro and Reeher）编：《权力、不平等和民主政治》（博尔德与伦敦：韦斯特乌出版社，1988），73～79页。

［2］那么，隐士又当如何？离群索居、概不指望其他人而生存的隐士实在太少见了，以至于我们可以忽略不计。而且，即便是隐士，在其孩提时代也必须依靠他人才能生存。

［3］积极的影响力有时也被人指为“控制”。

[4] 例见奈格尔在《权力分析》中的用法。

[5] 史蒂文·卢克斯：《权力，一种激进的观点》（伦敦：麦克米伦出版公司，1974），27页、34页。卢克斯的见解被他曾经的学生约翰·加文塔所采用，见《有权与无权》（伊利诺伊州，厄巴纳：伊利诺伊大学出版社，1980）。

[6] 詹姆斯·G. 马奇：《偏好、权力与民主》，见夏皮罗与瑞赫尔编：《权力、不平等与民主政治》，51页。

[7] “理论依赖性究竟是什么”的问题正好与美国政治学中出现的两个问题有关：一个胎儿有依据权利而加以保护的利益吗，这种利益于何时发生，适用于何种权利，如果有，这些权利增强了吗？动物有利益并有权利保护这些利益吗？显然，无论人们给出什么答案，他们都得依赖某种高度争议性的利益理论。

[8] 在定义影响力时反对使用“偏好”和“欲望”，原因并不在于它们内在的模糊性或界定的困难程度，而是因为：它们固然与利益有所不同，却如同味道那样是纯主观的，因而可能被其他人操纵。但果真如此的话，操纵也就理所当然地成了影响力描述和分配的一个部分（除旁的因素外，还经由味道、偏好与欲望）。

[9] 从根本上说，这是对奈格尔《权力分析》中的定义的一个释义。

[10] 这种用法好像首先是由哈罗德·D. 拉斯韦尔（Harold D. Lasswell）与亚伯拉罕·卡普兰（Abraham Kaplan）在《权力与社会：一个政治调查框架》（康涅狄格州，纽黑文：耶鲁大学出版社，1950）中提出来的。拉斯韦尔在影响力含义与分类研究方面是最有创造力和系统性的现代先驱者之一。

[11] 为解决测量问题，有人进行过努力并取得了不同程度的成功。奈格尔的方法需要一种被称为路径分析的统计学方法，这一方法又假定变量是以间隔尺度来测量的（奈格尔：《权力分析》，55页此后的页面）。但是，正如奈格尔指出的那样，“以顺序数据作路径分析的恰当性，仍留有一个尚未解决的重大问题……”（上书第27页）。在后来的一篇文章中，他试图解决许多难题（在国际政治科学协会1979年莫斯科会议上提交的《测量权力方面的新进展》），稍后他又重申了他的信念：“我们能够观察和测量许多情形下的权力，我们能够建立（而且在某种程度上已经建立）模型与理论以解释我们所观察到的现象。”（《权力、不平等与民主政治》一书第77页，“规范价值与经验概念的联姻”。）

第三章
什么是政治？

政治是人类行为的一个方面。但是，政治与人类行为的其他方面（比如经济、浪漫或体育）相区别的特性又是什么呢？虽然政治学家对这个问题的回答并非完全一致，但在连绵的历史长河中，他们已经在什么构成了本学科的内核这个问题上倾注了大量的心血。

政治的性质

什么是政治？在这个问题上，也如同在许多其他问题上一样，一个重要但并非一目了然的起点，就是亚里士多德的《政治学》（大约成书于公元前335—前332年）。在《政治学》第一卷中，亚里士多德驳斥了那些把各种权威混同起来的人，并力求将政治社团（political association）或城邦（polis）中的政治领袖的权威区别于其他形式的权威，诸如主人之于奴仆、丈夫之于妻子以及父母之于子女的权威。

然而，亚里士多德理所当然地认为，**权威**（authority）或统治的存在至少是政治社团的一个方面。的确，亚里士多德把城邦或政治社团定义为"至高无上而又无所不包的联合体"，把政治体制或政体定义为"一个城邦的组织，一般与公职有关，而特别与那个在一切争议上都是至高无上的特定公职有关”[1]。亚里士多德的政体分类标准之一，就是要看公民团体中最高权威或统治所在的那个部分。

自亚里士多德时代以来，就有一种被广泛分享的观念，即政治与政治关系总会以某种方式涉及权威、统治、影响力或权力。例如，最有影响的现代社会科学家之一的德国学者马克斯·韦伯（Max Weber，1864—1920）就曾假定：一个社团，“如果其命令的实施是凭借行政人员对武力和武力威胁的运用而得以在特定疆域内持续实施”的话，那么这个社团就应该被称为政治社团。因此，尽管韦伯强调了政治社团的领土方面，但他也像亚里士多德那样明确地认为，权威或统治关系是政治的根本特性之一。[2]

沿着亚里士多德和韦伯的足迹，20 世纪的一位主要的政治学家拉斯韦尔界定说：“政治科学，是一门经验学科，是研究权力的配置和分享的科学”，而“政治行为，则是一种权力行为”[3]。至此，我们已经足以明白，影响力和权力是紧密相关的（有些政治学家甚至把它们看成完全相同的现象），但是到了第五章我们还会把**影响力**从**权力**中区分开来。当拉斯韦尔与亚里士多德以“权力”一词来替代“影响力”时，他们并没有扭曲其所说术语的基本含义。

图 3－1 显示了亚里士多德、韦伯和拉斯韦尔在政治性质看法上的异同点。他们和几乎所有其他的政治学家都同意，政治关系，即涉及权力、影响力、统治或权威的整套关系，都可以在 A 圈内的某处看到。依据定义，拉斯韦尔把 A 圈中的每一事物都称为政治的；而亚里士多德和韦伯关于“政治的”界定，则需要把 B 圈和 C 圈所示的一个或多个别的特性也考虑在内。例如，对于韦伯，政治的范围既非 A 圈内的一切，也非 B 圈（领土性）内的一切，而是 AB 这个重叠区域内的一切，即既包括统治，也包括领土性。在这一点上，尽管亚里士多德不如韦伯和拉斯韦尔清楚，但他大概会更严格地限制政治的范围，即它只限于有自给自足能力的社团中的种种关系（C）。因此，在亚里士多德看来，政治仅见于 ABC 这个区域。

显然，凡是亚里士多德和韦伯称之为政治的，拉斯韦尔也称之为政治。但是，拉斯韦尔视为政治的某些事物（例如一个商行或一个工会的

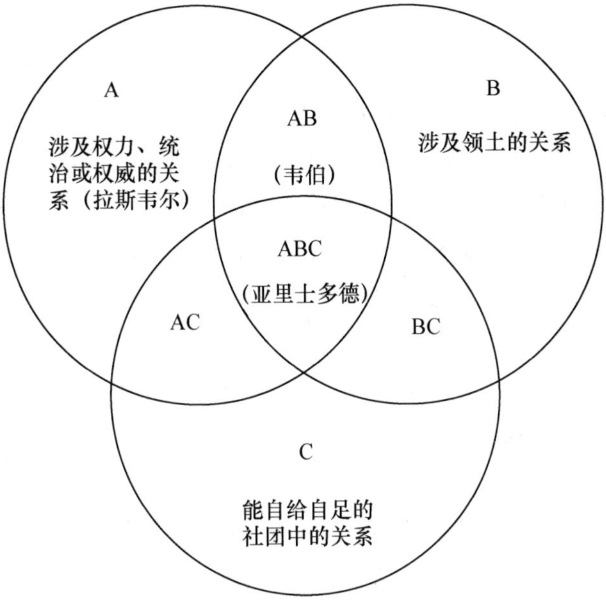

图 3-1　政治的定义

活动有“政治的”方面），在韦伯和亚里士多德看来却未必如此。亚里士多德和韦伯对政治研究的贡献是巨大的，我们关于**什么是政治**的观点也部分地纳入了他们的看法。但是，我们更直接地基于拉斯韦尔和不计其数的当代政治学家的传统，只是纯粹而又简明地从影响力的角度来诠释政治。因此，对我们来说，**政治**只不过是**影响力的运用**罢了。

政治的普遍存在

必须承认，把政治定义为“影响力的运用”是很宽泛的。的确，这意味着大多数人通常并不认为是“政治的”许多社团也有其政治的方面，私人俱乐部、商号、工会、宗教组织、公民团体、原始部落、宗族甚至家庭和浪漫的两人世界，概莫能外。如果像我们已经界说的那样，政治是无处不在的，那么就有必要做出若干的澄清、解释和细化。

（1）在日常会话中，我们经常听到某个私人俱乐部、商号和工会等等的机构中出现了“政治”或“政治勾当”（politicking）。例如：“我受不了艾莉森。她总是在采取政治勾当，她那俱乐部主席是怎么当上的？”“我们这个教区的牧师怎么不是比尔而是艾莉森？这是政治，纯粹而又简单。”“艾莉森胜过比尔而被提拔为部门主管，我很吃惊。而且我听说，她的提升完全是政治性的。”在这三种说法中，说话的人所看到的活生生的“政治”就存在于私人俱乐部、宗教组织和商号之中。而且，你还可以毫无疑问地想到关于“政治”和“政治的”其他许多类似用法。因此，我们那个定义的含义——政治普遍存在于人类关系和人类社团之中——是与这三个给定的例子所反映的日常性和直觉性理解相一致的。

（2）政治只是社团或人类关系的**一个**方面。当我们说某个人是一位医生、教师或农民时，我们并非就认定他或她就**只是**医生、**只是**教师、**只是**农民。没有一种人类社团和关系在所有方面都毫无例外地是政治的。除影响力之外，人们还体验着许多其他的关系：爱恋、尊敬、忠诚、共享信仰，诸如此类。例如，设想一对已婚夫妇就应该加入他们刚落户的社区的这个或那个教堂而发生了争议甚或争吵，那么他们决定加入某个教会的过程，就会被看成一个涉及政治、宗教**以及**浪漫的方面的过程。**政治的**方面包括影响力在这对已婚伴侣间的运用——争论结束时谁的方案占得了上风以及他或她是怎么做到的。**宗教的**方面大概包括他们俩提到的教堂在教义和礼拜服务方面的差异。**浪漫的**方面涉及的是讨论过程中对爱恋与关切的考虑。想象一下，他们中的一方对另一方说：“我非常爱你，而且我知道选择这个教堂对你特别重要。因此，尽管我最乐意去的教堂不同于你的，但因为我是那么爱你，也因为我愿意讨你欢心，我将很高兴地前往你选择的那所教堂。”当然，我们也可以把刚才描述的浪漫方面看成在**说理**，即一方试图让自己的方案占得先机，也就是在决定这对夫妇前往哪个教堂上施加影响力。简言之，这里谈论的活动，或许就有政治、宗教**以及**浪漫的方面，而且这些方面还是相互重叠与纵横交错的。

（3）我们的定义并不涉及人类的动机。它肯定不含这样的意思，即在每一政治体系中，人们都受到统治他人的强烈内在需要的驱使；它也没有这样的意味，即控制他人是领导人的热望，或者说，政治必然或内在地就是追逐影响力的残酷斗争。可信地说，影响力关系甚至可以存在于那些对影响力缺乏热望的人们之中，或者存在于极度渴求掌控别人而又最不可能做到的人们之中。据说，美国西南部的祖尼印第安人（Zuni Idians）中有一种很强的意识，即追寻影响力是不能容忍的，因而决不把影响力赋予那些谋求影响力的人。[4] 与我们自己的经验更为接近的，是在美国种种私人组织中成员之间的一种并非罕见的观点：那些最热衷于当组织领导的人，往往最不适合当领导；而最适合当领导的人，反倒是那些最不想当领导的人。但是，不论人类学或民俗学所能给出的证据如何，这里的要点却是：我们的政治定义，不包含在运用影响力方面关于人类动机性质的任何假定。

我们的定义还刻意忽略了从亚里士多德到现在的许多政治哲学家赋予政治的这样一个品质：在某种意义上，政治是公共性的。在他们看来，政治是一种**公共的**活动，包含着公共目的、公共利益、公共的善或人类生活中某些其他明显的“公共”方面。如果这样来界定政治，那么我们就得在图 3－1 中再加上第四个圈，而政治的范围也就被收缩得更小了。然而，把这种观念排除在我们的定义之外也是有充分理由的。不管这种观念在政治哲学家中如何备受推崇，它仍然被重重难题所环绕着。

首先要指出的是，对“政治”的含义的这种理解，与现今在日常用语中该词的用法毫不相干。在这里，政治常常指雄心勃勃的个人追求私利和升迁的活动。同样地，肯定也不能指望用“公共性”来对驱使人们从事政治的动机作经验上的解释。不论是通常的经验还是系统的研究，似乎都不能充分支持这样的假定，即人们从事政治（也就是对他人，特别是对大量的人行使影响力）的主要动机在于对公共利益的关心。

如果某个人接受了亚里士多德关于政治体现着对公共利益的追求的观念，并且相信激励诸如希特勒这类领袖的目标除了大多数本分的人们都会考虑的公共利益之外就再没有别的了，那么他就会符合逻辑地得出：希特勒的活动**不是**政治的。相反，假定我们把政治等同于影响力的运用，那么希特勒以及当代的独裁者的活动，不管在我们看来是多么卑劣，都明白无误地归于政治的范畴，因而也是政治分析的适当论题。那些野蛮对待其公民的当代独裁领袖的活动，也是这样。[5]

（4）我们承认，将政治等同于影响力的运用，实际上就等于说政治在人类关系中是无处不在的。父母阻止孩子在街上跑是影响力的运用，因而根据我们的定义，就是政治。就是如此。我们的政治定义包括：一对父母对某个孩子运用影响力；艾莉森在某个周六晚上促使比尔与自己一起去看某场特定电影的能耐；美国总统对某些国会议员施加的压力；德国独裁者希特勒的暴行对犹太人造成的伤害。所有这些都存在着影响力的运用。根据我们的定义，所有这些例子都构成了政治，但这并**不**意味着：政治学家对所有四个例子都同样感兴趣；或者，政治学家必须把这四个例子当成同等**重要的**政治事例。如同历史学家与历史分析倾向于把注意力集中到被人们视为**重要的**人类往事上那样，政治学家与政治分析也应该（而且确实也是）把注意力集中到被人们视为**重要的**政治事例上。政治分析更在意美国总统与美国国会之间的影响力运用，而非艾莉森与比尔之间在周六晚上约会问题上的影响力运用；历史分析更在意克里斯托弗·哥伦布（Christopher Columbus）和拿破仑（Napoleon），而非哥伦布船上的普通水手或拿破仑军队中形形色色的士兵。这两者之间并没有什么不同。像我们所做的那样，宽泛地界定政治，并**不**妨碍我们把政治中更为重要的事例和方式与那些不那么重要的区分开。正如我们即将看到的那样，我们一提出**政府**这个极其重要的概念，就不难解释政治分析为什么要在很大程度上聚焦于政府以及与其有关的那些现象。

注　释

［1］欧内斯特·巴克尔（Ernest Barker）编：《亚里士多德的政治学》（纽约：牛津大学出版社，1962），1页、110页。

［2］马克斯·韦伯：《社会与经济组织的理论》，A. M. 亨德森（A. M. Henderson）和塔尔科特·帕森斯（Talcott Parsons）译本（纽约：牛津大学出版社，1947），146～154页。

［3］哈罗德·D. 拉斯韦尔和亚伯拉罕·卡普兰：《权力与社会》（康涅狄格

州，纽黑文：耶鲁大学出版社，1950），xiv 页，240 页。

［4］鲁思·贝内迪克特（Ruth Benedict）：《文化模式》（波士顿：霍腾·弥芬公司，1934）。

［5］在政治的性质方面，20 世纪出现了一种在某些方面堪与亚里士多德的见解相提并论的观点。见伯纳德·克里克（Bernard Crick）：《为政治辩护》（芝加哥：芝加哥大学出版社，1962），特别是第 1 章“政治统治的性质”。对克里克这位英国政治学家而言，政治是“这样一种活动，即根据不同利益集团对整个共同体福祉和生存的重要性，给予其相应的权力份额，以此来调解它们在既定统治单位内的关系”（16～17 页）。政治，在克里克看来，无疑不包括极权或专制政治体系的领导人对影响力或权力的非调解性功用。它也不包括诸如“工会、办公室甚至家庭”等小团体中的影响力功用（25 页），这是因为，根据克里克，“政治依赖某种已确定下来的秩序”（25 页），即由国家或政府提供的秩序。不过，一定得注意，在克里克的论述中，权力（影响力）仍然处于政治的中心位置。

第四章
什么是政治体系、政府和国家？

我们把政治等同于影响力的运用并且抱有政治普遍存在于人类行为之中的一贯见解。在本章中，我们将介绍三个可以为现代政治分析确定重心和方向的非常重要的概念：**政治体系**、**政府**与**国家**。我们还将考虑在当代政治体系中**公司**（corporation）的作用问题。

体系与次体系

任何以某种方式相互发生作用的一组要素都可以被当成一个**体系**（system）：一个星系，一支足球队，一个立法机关，一个政党。在思考什么是一个**政治的**体系时，记住适用于**任何**体系的几个要点是有益的。

（1）把某种事物称为一个体系，是考察具体事物的一种抽象的方式。因此，人们切不可把具体事物与抽象的“体系”混淆起来。一个“体系”是现实的一个模样，是为了分析的目的而从现实中抽象出来的。一个哺乳动物的循环体系或人类自身的体系，就是这样的例子。一个“体系”是观察家或分析家探索事物的一个框架，或者是观察家或分析家所选择的看待某些现实（比如政治）的一个棱镜或视角。

（2）一个体系的视角或框架有几个关键的特征。我们刚才已提到其中的某些方面，但仍有必要对它们予以重述和阐释。第一，体系的概念是以要素、部分或构件为前提的。就是说，无论被观察或分析的是什么，都不被视为一个无差别的整体。相反，体系是由可以分辨的部分构成的。第二，体系的各部分发生着相互作用，且这种相互作用以有规律和可辨别的方式影响着各个部分。第三，体系有界限。为了确定什么在一个特定体系之内，什么在一个特定体系之外，我们就有必要搞清楚那个体系的界限。有时候，这一任务相当容易，如确定太阳系或美国最高法院的界限。但有时候，也需要武断的决定。举个例子，如果我们正在研究美国的"卫生保健配送体系"，那么我们会把由加利福尼亚的一名印度教圣徒所开办的那些"自助中介团体"也放在这个体系的边界之内吗？看来，这个问题并没有无可置疑的对或错的答案，但我们所采用的答案对将要开展的"卫生保健配送体系"的分析则显然是不可或缺的。再举一例，我们会如何考虑美国两大政党各自的界限呢？只包括那些政党官员吗？或者还要包括所有注册为民主党人和共和党人的人吗？或者也包括那些自以为民主党人或共和党人，却并未注册的公民吗？再或者，是所有一成不变地投票支持这个政党或那个政党的人吗？

（3）那些把体系方法运用于某些现实或某部分现实的人都无一例外地假定，他们所考察和分析的"体系"在时间上具有相对的经久性或持续性。也就是说，各部分的互动与环绕"体系"的各种边界，不被认为是那种在一眨眼之间就来去无踪的现象。

（4）一个体系可以是另一体系的一个要素或**次体系**（subsystem）。地球是太阳系的一个次体系，太阳系又是银河系的一个次体系，银河系则是宇宙的一个次体系。外交关系委员会是美国参议院的一个次体系，参议院又是国会的一个次体系。民主党是美国政党体系的一个次体系，诸如此类。

有些事物可能是两个及以上仅有部分重叠的不同体系的次体系。美国参议院民主党决策小组（即由民主党的参议员构成并定期讨论和决定该党在参议院中的战略的团体）是美国参议院的一个次体系，但它也是美国民主党的一个次体系。类似地，美国公民自由联盟（ACLU）的康涅狄格州分部，既是 ACLU 的也是康涅狄格利益集团的一个次体系。

政治的体系

什么是一个**政治的**体系呢？[1] 一个政治的体系是一个由相互作用的要素构成的集合体，而这一体系的部分或要素又是以个人或集体方式把影响力运用于个人和集体而构成的。在思考这个概念时，我们一定要记住：体系是看待某个或某些事物的一种方式。

美国政治体系包括国会（以及它的次体系）、总统（以及总统直属机构的次体系）、最高法院、政党、利益集团、选民、新闻媒体等。它**不**包括挪威首相，也不包括澳大利亚议会。美国政治体系也不包括两个正在一个美丽的森林里幽会的普通公民之间的浪漫关系。政治学家在使用这个概念来研究美国政治时，特别关注的是美国政治体系的构成部分和次体系，部分和次体系之间的相互作用，以及相互作用的影响。能够体现这些关注点的例子有：总统的否决权与国会对总统否决的反应，众议院下属委员会之间以及各委员会与整个众议院之间的关系，利益集团的游说与在这类游说发生之后作为个人的国会成员的投票，学校和教师对孩子的政治教育对他们在成人之后如何参与政治的影响。

政府与国家

我们已经把政治定义为影响力的运用，把政治体系定义为人们以个人或集体的方式在彼此之间运用影响力要素的结合。下面，我们把现代政治分析的焦点转到政治与政治体系上。无可置疑地，当代的政治学家都致力于研究政府和国家［state，在这里是国度（country）或民族-国家（nation-state）的意思，而非美国有 50 个州那个意义上的州（state）的意思］。而且，大多数的本科课程中也都充斥着关于政府及其活动的内容。的确，对于政治学家的一种可以理解却稍有偏颇的看法本来就是：他们是经过学术训练，专门研究政府的人。

那么，在我们所说的政治和政治体系的语境中，我们怎样才能够解释现代政治分析何以专注于政府和国家呢？这个问题的答案必定有些冗长，尽管如你将看到的，其要点其实相当简明。作为开始，我们必须首先懂得政府和国家究竟是什么。

在每一个社会中，人们都倾向于为各种情形中的社会行为建立起或多或少的标准。人们学习怎样当主人或客人，当父母或祖父母，当“输得起的人”，当士兵，当银行职员，当检察官，当法官，等等。这样的模式就被称为**角色**。在这些模式中，许多人都会对在特定情形下的适当行为有大致一样的预期。我们都扮演着种种不同的角色，而且频繁地从一种角色转换到另一种角色。

无论何时，只要一个政治体系复杂而稳定，就会产生种种政治角色。或许，最显而易见的政治角色，就是由那些创立、解释和实施对政治体系成员有约束力的规则的人来扮演的。这些角色就是**官职**，而一个政治体系中官职的集合体就构成了那个体系中的政府。当然，在任何给定的时刻，这些官职或角色（空缺的除外）的承担者都是些特定的个人，即具体的人——佛格霍恩参议员、克兰基法官、特威布里市长。但在许多体系中，即便人员时有更迭，角色却不会发生多少变化。诚然，不同的演员或许会而且通常确实就是在以不同的方式，有时甚至是以颠覆性的方式，来扮演哈姆雷特或奥赛罗。政治角色的扮演也是一样。例如，杰斐逊（Jefferson）、杰克逊（Jackson）、林肯（Lincoln）、西奥多·罗斯福（Theodore Roosevelt）、威尔逊（Wilson）和富兰克林·罗斯福（Franklin Roosevelt），他们每个人都在人民心目中确立起了关于一个总统在任期内应该做或可以合法地做成什么的新期望，从而超越并扩大了他们从前任那里继承下来的总统角色。纳尔逊·W. 波尔斯比（Nelson W. Polsby）断言：“有多少人想要当总统，就有多少种当总统的方法。”[2] 然而，对于总统适当角色的期望，也限制了总统随心所欲的范围——1968 年林登·约翰逊（Lydon Johnson）不寻求竞选连任的决定使这个情况特别具有戏剧性，因为他实际上不能再以他自己所信奉的总统职位要求来扮演总统这个角色了。

但是，读者或许会问，我们刚才为政府所下的定义，难道就没有给我们自己造成一个新的问题吗？如果政治体系是千差万别的——从工会、大学甚至家庭到国家和国际组织，那么，我们所说的政府又当如何呢？说到底，在美国，一如在其他大多数的国家，当你谈到政府时，似乎每个人都清楚你所指。一般而言，在某一特定领土上的不同社团的形形色色的治理机构中，只有一种机构以某种方式被承认为我们所说的政府。那么，**这种**意义上的政府又如何不同于其他治理机构呢？考虑考虑以下三种可能的答案吧。

（1）政府所追求的目的比其他治理机构的目的要“更高级”或“更高尚”。这个提法至少存在三个困难。第一，人们难以对什么是“更高级”或“更高尚”的目的达成一致，甚至对在一个给定的时刻是否追求一个给定的目的也存在分歧，因此，这种标准对于确定这种或那种治理机构是不是政府或许并没有多大的帮助。第二，尽管人们对如何排列目的和价值的高下常常存有分歧，甚至会认为政府所追求的目的是罪恶的，但他们对什么是政府与什么不是政府却没有不同的看法。一个无政府主义者并不怀疑他正在遭受政府的压迫。第三，什么又是坏的政府呢？比方说，难道民主政府和极权政府所追求的目的**同样都是**高尚的吗？这种看法在逻辑上好像是荒唐可笑的。

这样，我们提出的第一个答案，就把给政府下定义的问题与一个更困难也更重要的任务——确定一个政府是“好的”或“正义的”判断标准——混淆了起来。要确定什么是**最好的**政府，我们就必须首先知道什么是政府。

（2）亚里士多德提到过另一种可能性：政府由于其所属社团的特性而截然不同。这就是说，政府是一个自给自足的政治社团，亦即一个拥有美好生活所必需之一切品质和资源的社团。这个定义也遇到了与第一个定义有些类似的困难。而且，如果严格应用这个定义，我们就要得出这样的结论：政府是不存在的！亚里士多德对城邦国家的理想化诠释，即使在他那个时代也与现实相去甚远。雅典在文化上、经济上或军事上都不是自给自足的。事实上，它并不能完全保障它自身的和平与独立；

如果没有联盟，它甚至无法维持其公民的自由。希腊城邦国家如此，今天的国家也同样如此。

(3) 如果采纳马克斯·韦伯的见解并在一定程度上依据亚里士多德所言，我们就可以说：**政府**是指**在一个特定的领土内对合法使用暴力之权力成功地保持着排他性管制以实施其统治的**任何治理机构。[3] 这一领土内的居民和这一领土内的政府的结合体，就被称为**国家**。[4]

这个定义，立刻又引出了几个问题：

- 难道不是政府官员的那些个人就永远不能合法地使用暴力吗？父母打孩子又当怎么讲？答案当然就是：一个国家的政府并不必然地**垄断**暴力的使用，但政府拥有排他性的权威来确定可以合法地使用暴力的限度。大多数国家的政府允许私人在某些场合下使用暴力。例如，虽然许多政府禁止残酷地或过分地惩罚儿童（“虐待儿童”），但大多数国家的政府仍然允许父母责打他们自己的后代。拳击，在许多国家是被允许的；自卫，在公民的生命受到威胁的条件下，也同样是被允许的。

- 在逃犯又当如何解释呢？毕竟，没有一个国家可以免于斗殴、暗杀、强奸以及其他形式的暴力，而罪犯有时也能逍遥法外。但关键在于，一国的政府管制暴力与武力的权力得到了成功的保持，也就是说，几乎没有人会严肃地对国家惩办罪犯的排他性权力有什么争议。虽然犯罪性暴力依然存在，但它并没有合法性。

- 如内战或革命等确实广泛存在暴力和武力的场合，又该怎么看呢？对这一问题，任何单一的答案都是不充分的。在某些时候，国家或许根本不存在，因为没有一个政府能成功地保持其对合法使用暴力权力的排他性管制。好几个政府可能会对同一领土的控制特权展开争夺，就如同 1975 年随着宗教战争的爆发而在黎巴嫩出现的情形那样。这样的情况好像也出现在 20 世纪 90 年代后期的车臣 (Chechnya)，它曾经是而且俄罗斯政府仍在宣称它就是俄罗斯的一部分。另一番景象是：以前为一个国家的政府所统辖的领土，现在却可能被两个或更多国家的数个政府分而治之，而在它们的结合部还存在着一些无国家的“灰色地带”。我们可以合理地肯定一点：当一个特定领土上有大量的人开始怀疑或否认政府规制武力的权力时，这个国家也就危若累卵、濒于瓦解了。

- 全球化会改变我们对政府（一个国家的政府）的定义，使其越来越不适用于不同国度（或通常称为“民族-国家”）的政府吗？我们正在迈向这样一个新的世界吗？在这里，一国政府再也不能成功地在其国家的边界之内对合法使用武力的权力保持**排他性**的管制以实施其统治。或许就是这样。许多国家在作决策时已经接受国际机构的权威。这些决策，对这些国家的公民有约束力，对这些国家的政府也一样。对民族-国家及其政府权威的最意义深远的削弱，恐怕正在欧洲联盟（European Union）国家之中出现。这些国家必须接受由欧盟不同部门作出的立法、行政与司法决定。相似地，尽管程度低一些，多国组织（multinational organizations）也通过北美自由贸易协定（NAFTA）、世界贸易组织（WTO）以及其他条约和国际协定，在原先为各国政府专属的那些问题上发挥它们的影响力。

如果并且当这个进程继续下去的话，我们对“这”政府（“the” government）的定义的可应用性就会变得越来越小。或许，我们可以准确地描述为“这”政府的政府将会越来越少。但与此同时，当今大多数国家的政府与我们对“这”政府的定义还是相当吻合的。而且，在任何情况下，不管是地方层面、国家层面还是国际层面的治理机构采取何种新的形式，我们在这里提出的关于政治、影响力、政治体系与政府的概念，对于理解我们身处其间的这个世界，都仍然是有益的，或许还是必不可少的。

政府与国家为何那么引人关注？

最后，我们来回答在论述国家和政府之初就已提出的那个问题：为什么现代政治分析那么关注政府和国家？我们说过，这个问题的答案是简单明了的，也即：在一个由所有团体、协会、机构、集体与人民构成的政治体系中，政府的影响力是最大的，因为政府与暴力的合法使用有独特的关系，并且还可以运用或至少有可能运用与这种独特关系相伴而来的影响力。这就是现代政治分析聚焦于政府和国家的影响力的理由，这也正是当代政治学家那么关注政府和国家的理由。

政治与经济，政府与公司

政治学家对于政府与国家支配政治体系的程度有不同的意见。除了政府和国家以外，难道就不再有别的实体能够对政治体系发挥重大的影响力并因而值得当代政治学家特别关注了吗？许多政治学家都会回答说“有”。诸如教会、工会与秘密社团这样的实体，就不时地在某个特定社会中发挥着巨大的影响力。但是，现代公司，如通用汽车、IBM、埃克森美孚、微软与伊藤忠等巨大的商业企业，就是某些当代政治学家特别关注的对象。查尔斯·E. 林布隆（Charles E. Lindblom）曾经指出，在美国这样的现代工业国家，巨型公司与这类国家的政府在政治体系中分享着一种“双重领导权”[5]。根据林布隆，因为政府和企业（也就是大公司）各自都可以运用压倒性的影响力，所以对它们二者在现代政治分析中都应当给予特别的关注。

我们的政治定义，即政治是影响力的运用，不仅可以轻松地容纳人们对政治体系中的公司作用问题的倾心，而且也无碍于政治学家对政府与国家的那种更为传统的迷恋。然而，这并不等于说经济与政治是同一回事。经济分析主要关心稀缺资源以及物品与劳务的生产和分配；而政治分析，正如我们反复说过的那样，聚焦于影响力的运用以及运用影响力的模式。人类或人类群体的活动，可以同时具有政治的与经济的方面。一位经济学家多半会关心由政府授权或得到政府鼓励的利率变化对于特定物品（比如新房）生产与分配的影响；政治学家却更乐于关心在改变利率的决策中是谁说了算，以及利率变化如何改变着不同行动者在未来决策中的影响力。可见，经济学家和政治学家所分别探索的，只不过是同一事件的不同方面而已。

注 释

［1］参见戴维·伊斯顿（David Easton）的《政治分析框架》（新泽西州，恩格尔伍德克利夫斯：普兰蒂斯-霍尔公司，1965）和《政治生活的系统分析》（纽约：威利公司，1965）。这两部著作中就如何把体系分析应用于政治科学进行了雄心勃勃的尝试。

［2］见纳尔逊·W. 波尔斯比的《国会与总统》（新泽西州，恩格尔伍德克利夫斯：普兰蒂斯-霍尔公司，1976），19 页。波尔斯比对从富兰克林·罗斯福到杰拉尔德·福特（Gerald Ford）的历届总统进行了比较。也可见詹姆斯·戴维·巴伯（James David Barber）的《总统的个性：白宫的政绩预测》（新泽西州，恩格尔伍德克利夫斯：普兰蒂斯-霍尔公司，1972），以及弗雷德·I. 格林斯坦（Fred I. Greenstein）的《总统差异：从 F. D. 罗斯福到克林顿的领导风格》（纽约：自由出版社，2000）。

［3］依据韦伯的《社会与经济组织的理论》（纽约：牛津大学出版社，1947）154 页的定义改写，但用“排他性管制”（exclusive regulation）代替了其中的“垄断”（monopoly），并用“它的统治”（its rules）代替了“秩序”（order）。

［4］“国家”（state）这个词的使用，不应该与美国 50 个州中的“州”（state）混为一谈。实行联邦制的其他国家，如澳大利亚、印度与巴西，也有类似州那样的构成。

［5］林布隆：《政治与市场：世界的政治经济体系》（纽约：基础图书公司，1977），170～200 页。“双重领导权”一词出现在该书 180 页。

第五章
对影响力的再探讨与评价

到现在，我们至少应该清楚：分析和理解政治并不总是简单与直截了当的。好的政治分析不仅要求概念清晰，还要有一种承认和理解被考察事件的微妙难解的胸怀。

政治是影响力的运用，而影响力是一种关系，一种不论个体还是群体都可以构成的关系。比如，希特勒（一个体）对无数德国人（一群体）行使影响力；再如，作为群体的看守对作为个体的澳大利亚罪犯或纳粹集中营囚徒运用影响力。无论是行使影响力，还是接受影响力，或是这两种情形一起，都可以发生在个体或集体的层面。现在，我们就来更深入地探讨影响力的概念。

对影响力差异的解释

一般而言，人们所运用的影响力在量上的差异可以归结为三个基本因素：

1. **资源**：相关资源的分布差别。相关资源是一个人可用于影响他人行为的手段。这类资源包括金钱、信息、食物、造成可信威胁的能力、工作、友谊、社会地位、制定和实施法律的能力、投票，以及形形色色的其他事物。

2. **技能**：个人在使用相关资源上的技能和效率的差异。这类技能和效率的差异又来自学习与实践这类技能的天赋、机会和刺激的差异。

3. **动机**：个人出于政治目的而使用其潜在的相关资源在程度上的差异。就拿三个同样富有的人来说吧，一个人会把他的财富直接用于获取影响力；另一个人会用他的财富去获得商业上的成功并因而积累更多的资源；第三个人则会将他的财富全部花在吸毒和聚会上。这些不同本身又可以追溯到由天赋和经历的不同而引起的动机差异上来。

因果关系网络

至于影响力在人们之间的差异，我们可以用图 5－1 所显示的因果关系网络中的某些关键因素和环节来加以解释。这些因素和环节只是因果关系网络的一部分，其他环节则以这个部分为原点向外无限延伸。影响力分析与别的因果分析相类似。比如，我们怎样解释一场特定的森林火灾呢？如果我们推定它是由露营者引起的，那么他们为什么引起了火灾？他们是故意放火吗？如果是这样，他们为什么要在森林里放火呢？如果他们并非刻意而为，我们又如何解释他们的疏忽？还有别的原因吗？是不是树木异常干燥？如果是，又为什么会如此？我们也要对这一特殊的气候加以解释吗？这有没有可能是一个长周期呢？为什么园林管理部门未能禁止干旱季节的露营活动呢？

我们在因果解释中所注意到的那些因素与环节，取决于我们的目的和兴趣。也许，我们想知道露营者为什么对失火那么大意，是由于我们希望一个公共信息计划或管制方案对防火有帮助；或者，我们是想确定园林管理部门怎样才能防止火灾；我们也可能考虑在干旱季节用人工降雨来改变气候。如果全面的分析要求我们在一张无限扩展的原因网络中去追溯每一个原因的原因，那么，对森林火灾的全面分析就注定是不可能完成的。

对影响力的分析也是这样。我们想在哪里结束我们的调查，取决于我们的兴趣所在。

毫无疑问，要完全解释一个政治体系中的影响力关系，就必须描述与解释社会因果关系链条中的**所有**因素和环节所引起的效果。然而，这是一项令人望而生畏的工作，它或许可以成为一个需要各门社会科学好几代人全力以赴来加以研究的项目。

影响力的可能性与有限性

图 5－1 底部的箭头表明了一个关于影响力的格外重要的特征：**影响力可以被用来获得更多的影响力**。

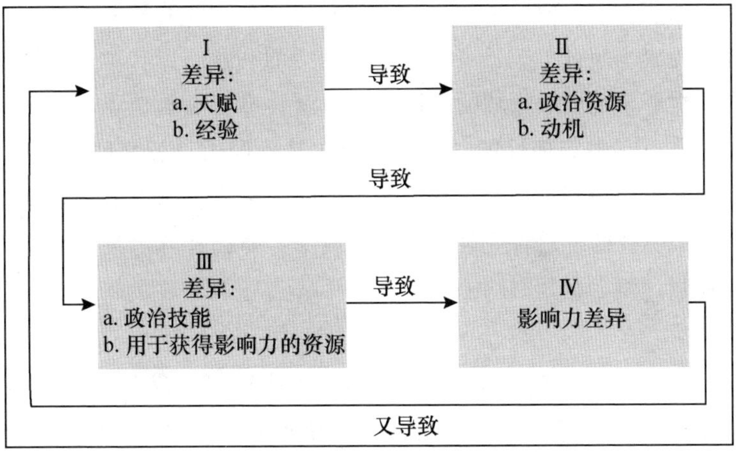

图 5－1　对导致影响力差异的某些因素的说明

使用影响力以赢取更多的影响力，确实是人类历史上最基本的一个主题。想象有这样一个人群，他们由于天赋与经验上的差异（图 5－1 中的Ⅰa 和Ⅰb）而在政治动机和资源上也有差异（Ⅱa 和Ⅱb）。这个群体中的一员[1]，基于更多的资源和更强的动机，形成了更强的政治技能并可动用更多的资源（Ⅲa 和Ⅲb）以获取更大的影响力（Ⅳ）。然后，他又通过那个可以无限重复的相同的因果序列（Ⅰ，Ⅱ，Ⅲ和Ⅳ），用他已经得到的更大影响力去谋取甚至还要大的影响力。如同一位工程师或许会挂在嘴边的那样，这是一个失控体系的案例。

在一个失控的政治体系中，一个人在理论上足以取得对于其他所有人的全面和总体的影响力，其他人则毫无影响力可言。然而，我们在第一章提到的事例却表明，一个人掌握全部或几乎全部影响力的体系，即便真的有，也是极其罕见的。那么，为什么“影响力可以被用来获得更多的影响力”这一法则没有不可避免地导致这样一个体系呢？

对此的解释，只需要根据一个简单的事实。[2] 要运用影响力，就要耗费政治资源。资源是有限的，或如经济学家所言，是稀缺的。进而推之，运用影响力是代价高昂的。于是，一个有中等理性的统治者是不会以超过盈利点的方式来投入其资源的，因为超过了这一点，他付出的成本就会大于他期望得到的价值。因此，影响力的价值或许可以定义为预期利益大于预期成本的余额。如果在一个特殊的领域和范围内影响他人的成本超过了统治者所追求影响力的利益，那么对一个统治者而言，在那个范围或领域的实际影响力就没有什么价值了。一个理性的（甚或只有中等理性的）统治者会在其不同的目标之间配置资源，以实现其预期净利益的最大化。无论何时，只要影响力成本超过了利益，一个明智的统治者就会设法减少成本：要么舍弃对某些行动或事务的控制；要么在其影响他人的关系中容许更高水平的不可靠性或不可预期性。

对于在我们所讨论的政治体系中的那些几乎没有或根本没有影响力的人而言，其手中的底牌就是提高影响力成本，从而降低施加更大影响力的价值。有好几个因素可以使他们能够那么做。如我们在第一章所看到的，处于下位的人总还是有办法获得某些资源的，而不论他们是多么卑微。有时候，他们能够开展合作，合并他们的资源，并因而可以增加统治者的影响力成本。而且，由于单独的个人在时间、技能与资源上的内在局限性，统治者就需要得到他人的合作和支持，在大体系中尤其如此。例如，统治者总得有将领吧，而将领们要统率的则是成建制的军队。因此，除微小体系外，“统治者”很可能是一个团体、联盟、阶级或某种集体。但是，那些统治集团几乎都不可能维持完全的统一。派系会萌生出来，各派系间的影响力竞争也会发展。如果某些较弱的下属有那种可以投入影响力争夺之中的资源，比如能力和战斗意愿，那么他们的帮助对这个或是那个派别的胜出就可能是决定性的。

虽然这个简要概括极大地简化了具体的过程，但我们还是可以通过无休止地增添历史事例来丰富它。这类事例会表明：那些处于相对弱势的群体的人们如何合并其资源，提高控制的成本，在对他们而言重要的某些事务上挫败别人对他们施加影响力的企图，从而获得某种程度的独立或自主；而且，甚至仅仅靠他们在讨价还价中的地位就足以创造一个相互控制的体系并在一些方面影响到统治者，尽管在这个体系中的统治者仍然是支配性的行动者（但已不再是主宰者）。这样的体系可能会沉淀为制度性安排，而且常常就是如此。这类制度安排会被广泛接受，尤其在统治集团内部，除非他们肯付出重大代价，否则就不能加以更改。在某种情形下，政治惯例会演变为对于统治者和下属都具有约束力的成文宪法或非成文宪法。可见，制度化可以大大地增加影响力的成本并减少统治者可以动用的资源。[3]

实而言之，尽管这些因素有防止统治者对属下实行全面支配的倾向，特别是在大体系中，但它们并不能必然防止影响力的不平等。它们肯定不能确保平等的影响力，无论这意味着什么。[4] 它们也保证不了民主制度这一依赖苛刻条件的稀有政治物种的存在。[5] 但是，这些因素确实可以解释为什么全面的支配在一个大的范围内几乎从未存在过，即便在事实上人们可以用影响力来获取更大的影响力。[6]

影响力的形式

到现在，我们都还没来得及深究影响力的一个特别重要的方面，我们把这个方面称为**影响力形式**（forms of influence）。先回顾一下：当一个人或一个团体致使另一个人或团体去做某事或有意向去做某事时，就存在着**影响力**（关于我们对影响力的确切说法，见第二章中“影响力的定义”一目）。行动者（或行动者们）究竟**如何**施加影响力，使受到影响的行动者（或行动者们）去做某事，这对于是否存在如我们所界定的影响力来说并不重要。但是，如我们将要看到的那样，影响力究竟是**如**

何被运用的，以及受到影响的行动者们**为何**被影响，却具有重大的实践意义和道德意义。

我们可以从种种影响力的**如何**与**为何**中辨别出影响力的不同形式。我们确定出的影响力形式共有七类：**诱导**（inducement）和**权力**，可以被看成同一枚硬币的正反面；**暴力**（force）和**强制**，这两种紧密关联的权力形式常常被人混为一谈；**说服**（persuasion）和**操纵**（manipulation），也可以被看成同一枚硬币的两面；**权威**，这大概是政治学家出于好心最为关注的一种影响力形式了。

诱导与权力

A（艾莉森）对B（比尔）运用影响力的一种方式是：A向B提供B所看重的某些东西，作为回报，B做A所要求的事情。父母向他们的儿子提供奖金以激励他在学校中获得好成绩，并以这种方式使他更加努力地学习，这就是在进行诱导。一名教师要向从事额外学业的学生提供额外的学分也是一样。一位正在为政府职位而奔走的候选人许诺，一旦他当选，他将奉行一项对某个特殊部分的选民有所助益的政策（例如，增加医疗保险或医疗费用额度），或许他也是在使用诱导：以倡导一项有利政策的许诺来换取选举人的支持。

相反，只有当B按A的要求来做是因为除非B迎合A的意愿，否则A就会**剥夺**B所看重的某些东西时，才有权力存在。换言之，当服从是通过创造不服从的严厉制裁前景来获得时，权力才起作用。[7] 父母为了使其儿子更加努力地学习，就威胁他说"如果你的成绩得不到提升，你的发展前景就'无从谈起'"，这就是在运用权力。教师要整治一个混乱的班级，就威胁学生说"除非你们更守规矩一些，否则每个人都将面临课后被留在学校的惩罚前景"，这同样是在运用权力。警察为了使一个喧嚣的同学聚会平静下来，就威胁说"如果噪音依旧，就要把大学生联谊会的官员监禁起来"，这也是在运用权力。

要给出什么才算得上真正"严厉的"损失或剥夺的答案，是有些武断的。什么被一个人看作严厉，是因经验、文化与身体状况等的差异而有所不同的。不过，差不多所有的人都会把流放、坐牢和死刑当成严厉的惩罚。因此，不管谁能够把这些处罚强加于人，他肯定都是大权在握的。确实，说一国的政府是独特的，仅仅就在于它成功地把持着一种排他性的权利，以决定在什么条件下严厉的处罚——包括重度的身体疼痛、精神紧张、惩罚或死亡——可以被合法地加以采用。

暴力与强制

暴力这种影响力形式，“剔除”了被影响之行动者“在屈从与不屈从之间选择”的机会。[8] 当 A 通过物理手段（架起、拖拽、推搡、开枪）迫使 B 做某事时，暴力就在起作用。父母将一个不听话的孩子架起来，并把他固定在汽车座位上，是在使用暴力。两个学生打架，两名教师在喊停无效的情况下，使劲将他们拉开，是在使用暴力。一名警察向正在逃窜的嫌疑人开枪以使其停下来，是在使用暴力。一国的军队为了关闭一座正在向大气中释放危险量级核辐射的核电厂而侵犯另一国的领土，也是在使用暴力。在政治中，也包括民族国家的政府政治中，暴力并不是一种可以经常被用来实现某种天真目标的影响力形式。而且，它是一种通常要付出大量开支与努力才能加以运用的影响力形式。与暴力这一如此笨拙和昂贵的影响力形式紧密相关联的，是强制，这一点也不奇怪。尽管某些观察家不能恰切地区分这两种影响力形式，但存在暴力的地方常常就存在着强制。

当 B 按 A 的指令做是因为 A 已确实地发出了如果 B 不屈从就要使用暴力的威胁时，强制这种影响力形式就起作用了。于是，当父母发出威胁，要把一个孩子拎起来放到汽车座位上时，如果那孩子因为父母的威胁而坐到了座位上，那么他们就已经使用了强制。当两名教师发出威胁，要把两个打架的男孩拉开时，如果这两个孩子的撒手是教师发出威胁的结果，那么教师的强制就使他们停止了打斗。相似地，一个在逃的嫌疑人在警察威胁要开枪后便停了下来，他就是被强制了。一个国家的政府关闭了一座正在污染空气的核电厂，因为如果不这样，它的一个邻国就威胁要派军队进来强行将其关闭，这也是被强制了。

暴力和强制之间的关联性很强。父母、教师、警察与国家通常威胁要使用暴力，但这类人与国家希望甚或期盼的却是暴力可以被避免。在 A 与 B 双方看来，强制都是更为可取的。警察带枪，国家拥有大量的军队，但二者都最不希望使用枪弹和军队。这就是说，以暴力相威胁通常要先于使用暴力本身。而且，当影响力施加者发出威胁时，他们通常（或许总是）希望甚或期盼的就是：强制能有结果，暴力不必再被使用。当美国总统乔治·W. 布什（George W. Bush）要求阿富汗政府移交与 2001 年 9 月 11 日对世界贸易中心和五角大楼的恐怖袭击有关的奥萨马·本·拉登时，他说如果不这样美国军队将进入阿富汗并强行抓获或杀死本·拉登。而且，布什总统也只是在对阿富汗统治者塔利班发出移交本·拉登的威胁失败之后，才命令美国军队用武力进攻阿富汗。

我们应该注意，强制可以被理解为权力的一个极端变种。权力是一种基于剥夺威胁的影响力，即为了避免被剥夺，B 不得不确保做 A 要求他做的事情。强制是发端于 A 之威胁的一种影响力，即 B 在 A 之威胁性暴力还未被使用之时就已被迫答应去做 A 所要求的事情。

说服与操纵

虽然 A 与 B 之间的交流几乎都不可避免地伴随着诱导、权力与强制，但说服和操纵仍然不同于前面提到的其他三种影响力形式，因为它们的运用**仅仅**限于 A 与 B 之间的交流。

当 A 以说服影响 B 时，A 对 B 传达的使 B 去做和去想某事的信息、论点或解释，会不同于 B 从前的所思与所为。换言之，当 A 之理性的或真切的交流导致 B 去变更他的行动方针和思考路径时，就存在着说服。父母向儿子传达这样的真切（至少就他的父母所知晓的而言）想法：在中学阶段努力学习，就会取得更好的成绩，因而就会有一个更为成功的人生，这就是在尝试通过说服来运用影响力。一位教师让一名学生心甘情愿地放弃游戏，因为这位教师相信游戏正在使这名学生的成绩下滑，这同样是在运用影响力。一名警察对一个威胁要从一座高楼上跳下自杀的人说出他认为自杀为什么是一个坏想法的若干理由，也运用了说服这种为人熟知的影响力形式。最后，当一位政府领导人，比如总统，使他的工业化国度的公民通过少开车与弃用衣物干燥器（他相信这些措施是必要的与明智的）来节约能源时，这位领导人所使用的也是说服。

在人群中，让说服发挥出显著作用的，是专业人士和政府官员。在专业人士与其顾客的影响力关系（律师-代理人、医生-病人、建筑师-主顾）中，经常甚至总是存在着说服。专业人士的职业行为准则通常要求他们在与顾客的关系中只向对方忠实地传递尽其所知的那些信息。律师和大夫试图使他们的代理人或病人了解他们（专家）所言的真相与智慧，并以此来促使代理人或病人做些事情。政府的上层领导人当然能够坚持甚至命令下属去做某些事情，但即便是他们也时常不得不说服别人以符合其愿望的方式来采取行动。的确，一部或许迄今为止最著名的关于美国总统的书，曾经这样写道：说服是总统们所运用的影响力形式中最重要的那一种。[9]

与说服相对，操纵产生于这样的情形：当 A 通过交流影响 B 时，如果 A 故意歪曲、捏造或误导性地隐瞒 A 所知道的真实情况并将其传达给 B，就能够左右 B 的思考和行动。如我们先前所讲，说服和操纵可以正好被看成同一枚硬币的正反两面。二者都通过交流来施加影响力，但说服依靠的是 A 所认定的真实交流，而操纵依靠的是为 A 所心知肚明的虚假的或误导性的交流。无论是父母、教师、警察或政府领导人，他们故意提供虚假的或误导性的信息或解释以影响一个或多个人的行为和思想，就是在从事操纵。

承认操纵作为一种影响力形式的这种性质，不由得让我们发问：我们是否真能够为操纵一个人类伙伴而进行辩解呢？关于这个问题的一个更为一般化的解答是看结局（也即对一个人类伙伴而言是一个好的结果）是否可以证明手段（也即所使用的操纵这一影响力形式，在道德上通常被认为是低水准的）的正当性。许多人，包括柏拉图与美国前总统理查德·尼克松（Richard Nixon）或许要回应说，特别的好结果甚至可以证明内在的坏手段或如操纵这般的影响力形式的正当性。对这个问题，我们在本章最后一节“对影响力形式的评价”中还要加以讨论。

权威

权威在几个方面与其他的影响力形式拉开了距离。第一，权威恐怕是最可取与最重要的影响力形式。当代政治学家查尔斯·E. 林布隆曾经指出：归根到底，政治本身已成为相互竞争的政治行动者为争夺权威而进行的斗争。[10] 第二，权威的性质比其他影响力形式的性质更为复杂，或许也更有韵味。权威的概念与另一个具有挑战性和重要性的概念**合法性**（legitimacy）联系在一起。我们把这一概念放到第六章来讨论，尽管有些简略。

把**所有**的影响力形式一一区分开来，是要具体解答**为什么** B 要顺从 A 的意志。例如，在强制中，B 屈从于 A，因为 B 宁可顺从 A 的意志，而不愿遭受强加暴力所造成的痛苦（A 已发出过可信的威胁）。在说服中，B 按照 A 所建议或要求的去做，因为 B 已经接受了 A 为 B 提供的论点和信息所包含的行动指向。在诱导中，B 选择要遵从 A 的意志，因为**如果** B 服从了，B 就可以得到 A 为 B 提供的好处以为回报（不论是什么，也不管额度多大）。

在权威起作用的情况下，B 倾向于**自动地、不假思索地、不瞻前顾后地**按 A 的吩咐行事。政治学家在权威是否体现着某种道德成分的问题上存有分歧。为什么某个 B 在某个 A 的权威下要**自动地**服从呢？一些社会学家相信：B 自动服从的理由，无论是出于敬畏、习惯，还是出于“正义”的感受或道德上的好意，这些都无关紧要；不管他们说些什么，**自动**服从的模式一出现，权威就在起作用了。[11] 另一些人则认为，仅当自动服从是出于 B 的“觉悟”时，权威才可以等同于自动服从，就是说：服从对他们而言在道德上是正确的和适当的（也即他们认为有道德义务去服从）。总之，人们普遍同意，权威包含着相对自动的影响力形式；但他们对那种“自动性”所需要的源泉，却有不同的看法。

如果一女儿自动遵从其父亲的意愿，既不思前想后，也不犹豫徘徊，那么其父就对她实施了权威。同样，一位教师对她的某个学生也是如此。当一辆警车在高速路上闪着警灯出现在一辆轿车后面时，轿车驾驶员自动地把车靠往路边，权威就又起作用了。如果一名政府高官告诉本国公民，一个对抗性国家的政府已经对他们采取了敌对行动，而该国的政府与公民又自动地把该领导人所说的那个政府当成了敌人，那么我们就再次看到了权威的作用。

与其他影响力形式相比，权威，一旦其基础是夯实了的，其使用就是既廉价又方便的。某 A 实施权威并不需要去解释（说服）、撒谎（操纵）、威胁（动用强制或权力）、提供报酬（诱导）或动用暴力。某 A 所要做的只是让那些 B 知道他的意图，而他的意图就会得到遵从。训练新兵，就是要在军事等级制的背景下全神贯注于确立权威。低军阶的士兵要被训练得**自动地**服从高军阶者的指挥，纵使那样做的后果会危及他们的性命。于是，士兵们会听从这样的命令："跳出散兵坑，向敌人的机枪阵地开火，那里的密集火力正在发威"，以及"我们的登陆船一靠近诺曼底海滩，就赶快跳船，径直朝德国人的密集炮火前进"。军队就是一个特别炫耀和重视权威的机构。

政府在大多数情况下都要对本国公民实施权威。政府与在某特定的领土范围内使用针对肉体的暴力有着独特的关系，这一点就显示出它对权威的严重依赖。凭借这种权威，政府能够按常规让其公民纳税，服从交通法规，并接受被征召入伍的义务，而这些在大多数时候或多或少都是自动的。

一如政治学家查尔斯·E. 林布隆所说，政府在政治体系中是一个特别重要的影响力场所，而且我们与其他大多数政治学家也清楚地知道它就是这样的场所。就此而言，政治或许可以被看成相互竞争的个人或团体围绕政府所能发挥的广泛权威进行的斗争。[12] 再说，权威在大多数国家的政治体系中大概都是（在民主国家中则肯定就是）最重要的影响力形式。如此，权威就是现代政治分析的一个特别重要的对象。

权威通常与别的影响力形式相关联。的确，影响力的各种形式一般都是共同存在、互为补充的。例如，A 说服 B 悦纳 A 已经在诱导中许诺的好处。或者，以一种小规模的或一次性的暴力运用去恫吓 B，从而为强制的推出铺路搭桥。就权威而言，它被人们想象成了唯一的自动服从形式，但别的影响力形式的多样化组合或许也能发挥作为实施权威之基础或前奏的作用。A 把暴力和强制组合起来，就可以使 B（一个团伙的成员）自动地服从于 A（那个团伙的领袖）。惯常性的诱导（例如，一位雇主发放的工资），可以使 B（一位雇员）自动地服从。A 依据道德权利进行说服，使得 B 听从于 A 的命令（例如，父母之于孩子，教师之于学生），或许也有利于权威关系的建立。

对影响力的再区分

在介绍和解释了影响力的七种形式之后，我们将在本章最后一节以一定的篇幅来进行总结。但现在，我们还要就影响力概念所涉及的问题进行少许别样的细化或澄清。

控制

在第二章中，我们提醒人们注意消极影响力与积极影响力之间的区别，并且说过：我们在政治分析中通常感兴趣的是**积极影响力**。有些时候，积极影响力指的就是**控制**，如在“艾莉森能对比尔实施大量的控制”这一情形中。关于积极影响力的其他例子还有：父母应该控制住自己的孩子；好教师能控制调皮捣蛋的学生；警察被训练得能控制住骚动无羁的人群；2001 年 9 月 11 日，恐怖分子对纽约和华盛顿的袭击一发生，美国政府就立刻宣布：要对潜在的恐怖分子实施更有力的控制。在这些例子中，控制指的是：影响力施加者（父母、教师、警察与美国政府）使别的某个或某些人（孩子、调皮的学生、人群与潜在的恐怖分子）以某种**与影响力施加者的欲望或期盼相一致**的方式采取行动的那种能力。也即这种影响力是积极影响力。

支配与被支配

人们有时把政治体系描绘为只存在着**支配**（domination）与**被支配**（subjection）或**支配**与**从属**（subordination）关系的一种现象。尽管这一画面中的那些用语不是根本没有也极少被严格地界定过，但使用这些描述性范畴的作者们却常常会暗示：（1）所有的影响力关系都是高度强制性的；（2）所有的行动者，要么运用着巨量的影响力，要么全然没有运用；（3）于是每个人，要么属于支配阶级，要么属于被支配阶级。从我们在第二章讨论影响力的分级时已经表明的理由来看，这样的诠释太过简单，说明不了复杂的关系——不要说民主制度下的，就连极权体制下的，都说明不了什么。由于它们过于简化，按这种方式作出的描述在社会学家中似乎已经失宠了，尽管它们在大众语言、新闻报道和宣传话语中仍然占有一席之地。[13]

明显的与含蓄的影响力

在快到1170年的那几年中的某一年，坎特伯雷大主教托马斯·贝克特（Thomas à Becket）的某种言辞和行为深深地激怒了英格兰国王亨利二世。就在那一年的12月底，国王以尖刻的言辞表达了他对贝克特的愤怒，而这些话又被四个骑士理解为国王巴不得大主教去死。于是，圣诞节后的第四天，他们就在坎特伯雷大教堂谋杀了大主教。就我们所能确定的来看，国王并没有实际上命令骑士们去行刺。而且，我们也无从确定他实际上是否想要贝克特去死或他似乎只是在盛怒之下顺便发出了一点暗示。于是，要判断亨利对这起谋杀的责任，就不但会遇到道德的问题，而且会遇到作为道德判断依据的对于结果的欲求和期望问题。

在一定意义上，亨利显然影响了那些骑士。虽然他并没有**明显地**造成这起谋杀，但难道他就不曾**含蓄地**引发了那些骑士对贝克特的谋杀？如果他的欲求就是要贝克特去死，而那些骑士又确切地领会了他的欲求并按他们所理解的去采取了行动，那么我们就一定要说：亨利对那些骑士施加了含蓄的影响力，并因而在一定程度上对这起谋杀负有道德上的责任。[14]

虽然观察、描述、解释与评价**含蓄的影响力**（implicit influence）会遇到巨大的困难，但它也是一种非常重要的影响力形式。[15] 像亨利二世一样，无论何处的领导人都要不分高下地使用含蓄的和**明显的影响力**（manifest influence）来控制他们的下属。选举出来的官员，就要回应其选民（从成人到婴儿，从商人到消费者，再从政府到商人以及其他利益集团）的含蓄意愿。[16]

决策范围或影响力层次

在描述与分析不同行动者的影响力时，我们需要考虑究竟怎么看待

“决策范围”或“影响力层次”问题。我们将要作出的区分，对那些平常不用这样的术语来思考的人会构成挑战，但当代政治学家却在总体上都承认这样的区分在政治分析中的不可或缺性。

第一层次和第二层次影响力：有效选项与议事日程

让我们回到先前说过的一个例子：艾莉森要比尔在周六晚上陪伴她去看一场特定的电影。他们或许还有别的选择：参加一个聚会，一起到图书馆学习，出席一个音乐会或一同去看电视。看电影以及其他的方案就构成了有效选项的**议事日程**。那个议事日程或许并不包括看电影——例如，要是任何电影院在一个合理的时段都不放映那部电影的话。这样一来，艾莉森几乎不可能强迫比尔陪伴她去看那场电影。所以，艾莉森据以发挥作用的决策范围或影响力层次，就受到了那个特定夜晚可供她和比尔作出选择的那个议事日程的限制。

那么，他们对他们不得不在其中进行选择的那个议事日程究竟有多大的影响力呢？[17] 就所有实践性的目的来说，没有：直到那天晚上，他们都没有可行的办法去影响当地剧院的经理们做出计划放映哪些电影的决策；他们也不能改变音乐会的节目表和图书馆的作息时间。所以，艾莉森能够影响比尔关于在那个晚上的议事日程上做何选择的决定，但不论是艾莉森还是比尔，都不可能对议事日程的构成本身做多少事情。

显然，在A影响B从一个给定的议事日程所提供的种种可能性中做出选择的能力与A影响议事日程构成本身的能力之间，有一个重要的差别。例如，我们假定，在选举时艾莉森可以在两个或者三个候选人中进行选择。但她能够影响什么人被选定为候选人的那个决策吗？或者，我们可以举一个为美国学院和大学中的学生所熟悉的例子。按常例，学生们可以在一定的限制下，从开列在课程表上的课程中选课。但是，关于开什么课程的决定却是由教授会的成员而**不是**由学生来做出的。于是，作为一名学生或一位公民，艾莉森可以从呈现在她面前的议事日程中做出选择——对此她可以控制得相当尽兴，但她却几乎不能甚或完全不能控制议事日程本身的构成。

第三层次影响力：结构

下一个影响力层次或决策范围又怎么样呢？提供给艾莉森和比尔的

议事日程，就是在这个层次上被构造出来的。艾莉森和比尔究竟有多大的能力（假如真有的话）来改变或保持为他们提供议事日程的那种结构呢?

我们所说的“结构”，是一个相对持久的配置（或至少严重地约束配置）重要价值，如威望、地位、金钱、福利、教育和健康等，当然也包括权力、权威等的制度、组织或惯例。于是，结构包括相对具体的组织，如家庭、部落、氏族与亲戚体系，连同投票制度、政党、立法机构、大学、公司以及宗教组织。此外，结构还包括更宽泛的制度，如民主的或极权的体制，市场的与非市场的经济秩序，私有的与共有的财产制度，等等。

如果我们问比尔或艾莉森是否对创建、改革、变更或置换这样的结构有什么影响力，那么答案就是：作为个人，他们实际上没有；他们即使加入集体行动中，也不会有太多。对于大多数人而言，在大多数时间都只好把结构当成给定的来加以接受。

然而，一些人，个别地或集体地，**确实**对结构发挥了重大影响。例如，美国宪法的设计者们就在创建某种宪政结构中发挥了决定性的作用。概而言之，正是在这个结构中，美国的政治生活一幕幕地上演了两百来年。我们很容易就能想起 20 世纪的那些曾经大大改变了他们本国的政治、经济与社会结构的领袖们。就现代的大变革家而言，有人或许会提到列宁、斯大林、希特勒、菲德尔·卡斯特罗（Fidel Castro）、毛泽东与邓小平。但是，由民主国家选举产生的领袖所主导的改良，也曾引发过重大的结构变革。他们中有美国的富兰克林·罗斯福，为瑞典式福利国家奠基的瑞典社会民主党的领袖们，以及 1948—1949 年的哥斯达黎加总统何塞·菲格雷斯·费雷尔（Jose Figueres Ferrer）——他解散了本国的军队，并由此在本国终结了那时在整个中美洲和南美洲司空见惯的军事独裁的威胁。[18]

在我们所讨论的影响力的第三层次上，能把影响力运用得有些效果的个人所占的比例好像非常小。当然，在第一章中，我们以纳粹集中营的囚徒和希特勒为例，来分别表示毫无影响力的人和处在影响力巅峰的人。如果用多层次影响力来分析一下希特勒的影响力，就能确认：我们在第一章中说他影响力巨大，更多的是凭印象来断言的。其实，希特勒在第一、第二与第三层次上都的确发挥了巨大的影响力。他可以使他周围的其他人在有效选项层次上默许他，可以设计议事日程以便他和其他人都只得从中加以选择，可以改造德国和被他的军队占领的其他国家的议事日程——设定结构。

第四层次影响力：意识

即使我们可以量度艾莉森在有效选项、议事日程和结构（第一、第二与第三层次）方面的影响力，但我们的分析仍然会漏掉一个至关重要的因素。这就是艾莉森、比尔和其他人对世界的想法，他们对有效选项与选择这个或那个的后果的感知。简言之，也即他们的觉悟或“意识”。人们的感知与结构相互作用，并在其中作出选择和决策。结构和意识之间的相互作用是复杂的——肯定地说，是太复杂了，以至于不能在这里进行更为全面的讨论。

然而，重要的是，要充分描述艾莉森或比尔的影响力为什么那样，就应该对他们的觉悟做出某些解释。假定艾莉森没有觉察到她有一个不受限制的选项；再进而假定，这个选项对她而言，是她所认为的可供她选择的种种选项中最好的那个，那么又当怎样呢？让我们想象，只要艾莉森打一个电话给市长办公室，她就**可以**使她门前街道上的坑得以填平。但是，艾莉森并没有意识到会这样，或者她简直不相信一个电话会产生什么实际的结果。艾莉森已有的意识使其原本可以更大的影响力打了一些折扣。她实际的影响力不及她潜在的影响力。

或者，我们还可以举出另一个更令人迷惑的例子。比尔想要被采纳的公共政策是那样不受欢迎，以至于倡导这些政策的人都没有被选为官员的机会。但是，比尔的邻居查利（Charlie），简直就是普通公民的化身，他不偏不倚地站立在主流之中，以至于他要求政府去做的大多数事情都几乎肯定会得到有关政党和决策方的支持。在其他所有方面，比尔和查利都难分高下。但是，由于被选出来的官员更多地回应查利的政策偏好而非比尔的，我们或许就会想到把比尔描述得不如查利那么有影响力。在任何情形下，要对比尔和查利的影响力做一个比较性的描述，我们都应该说一说他们在意识上的差异。[19]

艾莉森和比尔的影响力总和（以及任何行动者的）都需要从所有四个影响力层次或决策范围来加以综合考虑：他们在面对有效选项的情况下使别人接受其选择的能力（层次 1）；他们将有效选项设计到议事日程中去的能力（层次 2）；他们在议事日程设定结构的塑造方面的影响力（层次 3）；他们的意识，包括但不限于他们本身对在任何这些层次上运用影响力之机遇的觉察力（层次 4）。那么，对他们的影响力总和的全面解释，就必定包括对四个层次影响力的分析，而且这样的分析几乎都不会是直截了当与简单明了的。

对影响力形式的评价

本章的前面部分介绍了七种影响力形式。我们当时就已经注意到：它们在影响力运用中所体现出来的差异在政治中会产生重要的实际和道德后果。

判断使用一种而非另一种影响力形式的实际后果，要考量 A 在将来对 B 施加影响力的前景。例如，如果 A 通过操纵使 B 去做某事，A 就得冒这样的风险：B 将会发现他被操纵了，而这一发现又将使 B 开始对 A 事后的操纵甚或说服企图心存芥蒂。换言之，如果 A 对 B 撒了谎，那么 B 以后就不大可能相信 A。于是，A 将来在说服或操纵 B 时就会遇到更大的困难，因为说服和操纵都完全是依靠交流及其可信性的影响力形式。判断使用一种而非另一种影响力形式的实际后果，还要考量使用一种而非另一种形式的成本（对“成本”的解释，要看是在纯财务的意义上说的，还是在 A 需付出努力的意义上说的），以及 A 在未来对 B（或其他人）运用影响力的后果，等等。更一般地讲，判断使用不同影响力形式的实际后果，要把它们对将来政治走向的多种作用都考虑在内。

虽然我们马上就可以注意到：使用一种而非另一种影响力形式的道德后果与其实际结果常常是重叠的，但我们也要明白：其道德后果与其实际结果至少都是同样重要的。举例来说，如果一种特定的影响力形式的使用，在一个特定的环境中被普遍地看成不道德，那么，对于使用它的某个政治行动者（比如一个政府）的实际后果或许就是：失去大量拥戴者的偏爱，并因而失去对于那些拥戴者甚或更多人的影响力。在接下来要展开的影响力形式评价中，我们将大体上采取一种道德的视角。不过，我们的道德分析也将不可避免地容纳政治世界中的实际后果。

在这些影响力形式中，也许只有说服才有资格享有一种独一无二的道德地位。这一说法的根据如下：依照定义，人们在说服中使用的唯一手段是准确地传播被认为是严格真实的信息，因此说服是一种启蒙形式；在说服中传递的信息事实上是真实的，就此而言，说服本来就是无害于他人的；说服能够预见可能的危害："如果不停止吸烟，你就更容易患上肺癌。"但是，说服本身在本质上是中性的：它本身既不添加也不减少他人的好处。不过，通过启发，说服可以给其他人带来好处，因此它是一种理想的影响力形式：其他人一旦配备通过理性交流得来的知识，就会选择较好的而非较坏的方案；或者他们所接受的，大不了也就是那种命中注定的方案而已。

那么，并非偶然地，基于说服的相互影响概念，常常若隐若现地存在于关于理想社会的种种观念的正中央。在许多雅典人眼中，理想的政治体系或许正好就具备这一品质。像伯里克利（Pericles）那样的天才领袖们，在公民大会上施展的影响力靠的完全是他们非凡的说服力。卢梭的共和国概念也带有这种观念——在其中，每个公民在道德上都是自由的，却都接受他们自己所选择的法律的约束。公民们致力于相互地说服，自由地接受讨论后形成的集体决策所带来的义务。这是许多民主思想中暗含的一个理想，而在无政府主义思想中它甚至常常就是一个明晰的理想。

然而，如果不发展除说服之外的其他影响力手段，那么大量的人在一个长时期里就无法在他们的群体内外开展互动。

操纵、权力、强制与暴力，都是政治生活中常见的现象。每个国家都在其内部使用权力，以保证人们对政府政策的服从。操纵、权力、强制和暴力在国家间关系中也很平常。在国际政治中，战争和战争威胁被频繁地用来作为僵持或和平调整的替代方案。内战和革命充斥着权力与强制，每一方都诉诸暴力，以便将本方的意志强加给对方。对于在澳大利亚和加拿大这样的非暴力的政治体系中生活过相当长时间的人们来说，忽视世界上各政治体系中革命、内战和暴力的频繁性是很容易的。但在世界的许多地方，动用暴力的内讧、游击战、革命斗争、恐怖主义、暴行以及镇压反对派，却都是正常的和司空见惯的政治手法。2001 年 9 月 11 日对世界贸易中心和五角大楼的袭击，把这种政治现实的某些方面也带给了美国，这有助于美国人了解政治中暴力和强制的广泛性。美国人也不会忘记持续了整整五年的内战，那是现代世界史上最血腥的同胞自相残杀的场面之一。

虽然这些事情发生了，但这并不是说它们在道德上是合理的。那么，人们或许会问，除说服之外，是否还有任何在道德上站得住脚的东西？毕竟，操纵违反了“崇尚真话，贬谪谎言”这条基本和普遍的伦理戒律。权力、强制和暴力都有一种把痛苦施加于他人的预期后果，有时甚至会置人于死地。因此，权力与强制可能是，暴力则肯定是：在本质上有害。

为了避免本质上不可取的手段，人们也许会断言：除了权威这一可能的例外，在道德上唯一能允许的影响手段就是说服。让我们把这称作“说服之绝对原则”吧。然而，这一结论除非被普遍采用，否则立即就会导致自相矛盾。假定某些人使用操纵或强制来得到他们想要的东西，我们又怎么可以适用说服的原则呢？一方面，我们会断定，原则要求我们只采用说服来劝诫违反原则的人。但是，如果说服没有效果，如它在许多情况下那样，那么我们就不再有在实践中坚持原则的有效方法了。于是，为了实施我们的原则，我们就会转而惩罚或威胁要惩罚那些违反原则的人。但在这种情况下，我们自己就违反了说服这一原则。

由于这一两难境地，似乎只有当说服的绝对原则被每个人始终遵循时，它才能被坚持下去。因此，即使和平主义者和非暴力的鼓吹者也不准备把他们的纲领推行到所有的情势之中。几乎没有哪一个和平主义者会坚信不需要种种法律来治理空气和水的污染，规制拥挤地区的行车速度，控制枪支的使用和买卖，或者规范和平示威中的警方或旁观者的行为；或者会认为这些法律不应该被执行；或者会认为在执行中绝不使用强制或暴力，诸如对破坏法律的人进行罚款和监禁，等等。

同意，对某些人而言是通过说服达成的，而对另一些人来说却可能意味着强制和暴力。1787年，美国制宪会议通过谈判达成了一项关于解决新宪法争端的和平协议。会议达成的妥协之一就是奴隶制的永久化。作为破坏性巨大的内战[①]的副产品，奴隶制被废除了。但是，就在十年之后，全美国的领袖们在华盛顿达成的和平妥协却又允许在南方迅速地恢复白人的至上地位。这样，那些反对奴隶制和白人至上的人就遇上了困难的抉择：说服南方的白人放弃其信仰和一贯做法（但只要回想片刻，我们就知道这几乎注定是不可行的）；或者用暴力或强制在南方推行变革；或者听任南方白人把不堪承受的强制和暴力强加到南方黑人的身上。

如果说这些实例表明，人们很难始终如一地坚持我们所称之“说服之绝对原则”，那么它们就不会与这样一个观点发生矛盾，即我们有时必须使用某些在本质上被认为是恶劣的手段。进而言之，这些例子有助于表明我们作为政治存在可能面临的悲剧性困境。人们可以负责任地正视或漠视这种两难困局，但迄今为止都还没有人找到可以避免它的方法。

那么，对从试图执行“说服之绝对原则”中产生的问题的第一个反应，就是认为涉及权力甚至强制或暴力的行动有时比任何其他可供采纳的方案都要好。因此，人们可以将强制判定为在本质上是恶的，但从工具的角度看，它在某些场合又是可取的。某些影响力手段本质上的不合理性与它们作为工具的不可避免性之间的紧张关系，是作为社会存在和政治存在的我们在现实生活中遭遇的最尖锐与最棘手的问题之一。在2001年9月11日对美国的恐怖袭击发生之后，美国政府随即进攻阿富汗。这场攻击，无动机地却又不可避免地导致了阿富汗无辜平民的死伤。在这个时候，某些美国人内心定然也产生过如上所说的那种紧张。

顺着第一个反应的逻辑，第二个反应便是看一看是否有可能创造这样一个政治体系：它趋向于减少使用强制、暴力及其他不可取的影响力

---

① 1861—1865年美国内战，又称南北战争。——译者注

形式，趋向于更多地使用更为可取的形式。这样的反应，或许可以用来指导国家或国际层面的政治，也就是指导种种国家和世界政治层面上的政治体系或国际组织。考察这种可能性显然要求我们考虑某些基本的经验性问题。例如，政治和政治体系是否真的那么相似，以至于它们的差异对我们所有的人来说都可以不那么重要吗？或者，像我们中绝大多数人大概都能想到的，它们在某些相当重要的方面是各不相同的吗？如果确实如此，差异又是怎么来的呢？就拿一种可能性来说吧，民主体制是如何不同于非民主体制的呢？在一个国家中，什么条件将更有利于一种体制或更有利于其他的体制？最后，在何种程度上人类本性对各种可能性是一个限制？在何种程度上人们在政治生活中的行为方式会发生变化？在接下来的四章中，我们将探讨这些问题。

然而，正如我们已经看到的那样，我们对不同影响力形式的兴趣也反映了对某些价值或标准的关注。对此，这最后的几页几乎什么也没有涉及。例如，我们究竟如何才能证明“一个基于同意的体系要好于一个基于强制的体系”这一信念的正当性呢？或者，民主真的要好于独裁吗？或者，人民的确有“生活、自由和追求幸福的权利”吗？如此等等。在第十一章我们会看到，近来的一些作者是如何努力解答这些问题的。

注 释

[1] 或一个作为整体的群体。

[2] 更详尽的研究，参见罗伯特·A. 达尔：《多元民主的困境：自治对控制》（康涅狄格州，纽黑文：耶鲁大学出版社，1982），下面的段落就是根据该书（特别是其中的第 33 页）改写而成的。

[3] 一项**制度**（institution）是由一些**角色**（role）构成的。一个角色就代表一整套或多或少可以辨别的行为。这套行为由单个的人类行动者按习惯去履行，并按他人期望的方式去履行。例如，美国传统核心家庭的制度就包括父亲、母亲和孩子这些角色。于是，一项制度是由一组以常在和可预期的方式发挥作用的相互关联的角色构成的。处于制度之中和之外的人，都可以用这种方式来看待什么才是适当的角色。立法机构、政治党派与选举，就是一些显著而又为人

熟知的政治制度。

［4］对于我们所说的政治平等究竟为何意在详细说明方面的难点，可参照的是詹姆斯·G. 马奇的《偏好、权力与民主》，见依安·夏皮罗与格兰特·瑞赫尔编：《权力、不平等和民主政治》（科罗拉多州，博尔德与伦敦：韦斯特乌出版社，1988），73～79 页。

［5］在本书的第九章我们将考察这些条件。

［6］**极权**（totalitarian）是一个常常用以描述全面支配的新造词，特指法西斯意大利与纳粹德国等。但即便像墨索里尼和希特勒那样权势显赫的人物，也从来未实现过对他们各自国家人民的全面支配。

［7］这与哈罗德·D. 拉斯韦尔和亚伯拉罕·卡普兰在《权力与社会》（康涅狄格州，纽黑文：耶鲁大学出版社，1950）中的概念相吻合。他们指出：“**决策**是含有严厉制裁（剥夺）的一种政策……**权力**就是对决策的参与……正是制裁的威胁把权力同一般意义上的影响力区分开来。权力是运用影响力的特例：它是借助对不屈从于政策企图的行为的严厉剥夺（真正的或威胁性的）来左右他人策略的过程。”拉斯韦尔引用约翰·洛克（John Locke）在《政府论（上下篇）》（1690）中对该词的用法来进行比较：“那么，我就把政治权力当成用死刑以及其他所有比其稍轻的惩处来制定法律的一种权利。”见该书 74～76 页。

［8］彼得·班克拉赫（Peter Banchrach）与莫顿·S. 巴拉兹（Morton S. Baratz），1970 年，28 页；也见凯尔瑟·考夫曼（Kelsey Kauffman）：《狱官与他们的世界》（马萨诸塞州，剑桥：哈佛大学出版社，1988），59 页。

［9］里查德·E. 纽斯塔德（Richard E. Neustadt）：《总统的权力》（纽约：威利公司，1980）。

［10］参见《政治与市场：世界政治-经济体系》（纽约：基础图书公司，1977）第 9 章“政治：对权威的争夺”，119～130 页，特别是 119～120 页。

［11］参见林布隆的《政治与市场》，17～18 页；戴维·伊斯顿：《对权威与政治变革的感知》，见卡尔·J. 弗雷德里克（Karl J. Friedrich）编：《权威》（马萨诸塞州，剑桥：哈佛大学出版社，1958）；卡尔·J. 弗雷德里克：《权威、理智与判断力》，见卡尔·J. 弗雷德里克编：《权威》；以及凯尔瑟·考夫曼：《狱官与他们的世界》（马萨诸塞州，剑桥：哈佛大学出版社，1988），47～52 页。

［12］《政治与市场》，119～120 页。

［13］这并不是说，支配与被支配这些概念如果不加以仔细界定，就不可能是有用的，而只是说它们除非被仔细界定，否则就没什么用处，而且它们也极

少被这样界定过。

［14］T. S. 埃利奥特（T. S. Eliot）在其《大教堂谋杀案》（1932）的戏剧中，曾对此进行了令人拍案叫绝的叙说。当然，正是其变幻莫测的剧情，使得埃利奥特的戏剧远不如历史记载可靠。

［15］卡尔·J. 弗雷德里克在 1937 年提出了“预期反应的统治”，用以表示这样一种情形，在其中“一个行动者 B，塑造其行为，以便与他所相信的另一个行动者 A 的欲求保持一致，而无须得到关于 A 的需求的信息或者 A 或 A 代理人的意图”。见其著作：《人与他的政府》（纽约：麦格劳-希尔公司，1963），201～202 页。

［16］林布隆辩称：在那些具有私人所有、市场导向的经济制度的国家中，商人享有一种“特权”地位，因为政府为了诱导他们令人满意地行事，就必须提供给他们种类繁多的奖赏。《政治与市场》，170～200 页。

［17］这是彼得·班克拉赫与莫顿·S. 巴拉兹在一篇名声远播的论文《权力的两个面孔》中强调过的权力类型之一。载《美国政治科学评论》，第 4 卷第 56 期（1962 年 12 月），947～952 页。

［18］参见莫里斯·J. 布兰克曼（Morris J. Blachman）与罗纳德·G. 赫尔曼（Ronald G. Hellman）的《哥斯达黎加》，见布兰克曼，威廉·M. 利奥格兰德（William M. Leogrande）与肯尼斯·夏普编：《对抗革命：中美洲的经由外交的安全》（纽约：潘塞恩图书公司，1986），156～182 页。

［19］我们虽然足够清楚艾莉森的意识与有效选项的关联，却并不那么清楚如何才能最好地理解那些存在于比尔和查利之间的差异。詹姆斯·G. 马奇在《偏好、权力与民主》一文中富有洞见地分析了从偏好在所有相关行动者中的分布这一角度把一个行动者的相对位置纳入考虑范围的重要性。该文载于依安·夏皮罗与格兰特·瑞赫尔编：《权力、不平等和民主政治》（科罗拉多州，博尔德与伦敦：韦斯特乌出版社，1988），50～66 页。也可参见詹姆斯·G. 马奇与约安·P. 奥尔森（Johan P. Olsen）：《制度的再发现，政治的组织基础》（纽约：自由出版社，1989），145～158 页。

第二部分
政治体系：
相似性与差异性

第六章
政治体系：相似性

世界上究竟有多少政治体系？没有人知道。根据我们在第四章给出的宽泛的“政治体系”的定义，其数量实难估计。2001 年，地球被 190 多个国家所分据。在这些国家间存在着一张日益稠密的政治体系网络，包括如联合国、欧盟和美洲国家组织这样的国际组织[1]，以及其他难以计数的正式的与非正式的、政府的与非政府的团体和关系。在每个国家内也有数不清的政治体系：有与国家政府胶着在一起的政治体系，它们被大多数政治学家视为政治体系中最重要的部分；有地域性的政府分支，比如省（或作为与省相似的政府单位的“州”或“邦”，其在美国、巴西、印度、澳大利亚和别的一些国家为人熟知）、县以及市；有那些虽然不是国家政府的直接组成部分，却经常积极地投身于试图影响国家政府的活动的各种体系，诸如商号、工会、宗教组织、政党、报纸、教育机构；此外，还有从家庭到青年体育联盟等种类繁多的社团。

单在美国，1997 年就有 50 个州、3 043 个县、19 372 个市、16 629 个市区和镇、13 726 个校区以及 34 683 个特区。与此同时，还有大约 9 200 万个家庭，7 200 万个家族，90 000 所国立小学和中学，75 800 个商业银行，2 400 万个公司、合伙关系与所有权关系，以及 190 万个农场。[2]

政治学家的系统性知识只涉及所有政治体系中极小的一个部分。令人奇怪的是，一些非常重要的政治体系，尽管与影响力或统治制度有关系，却并没有被政治学家（或其他大多数社会学家）当成**政治体系**来认真地加以研究。举其要者，有工作场所、商号、经济单位，在这些组织中人们付出了日常生活中的大部分时间。政治学家也不太在意家庭这一小型的政治体系，在其中人们度过了日常生活的其余大部分时间。许多世纪以来，政治学家（以及政治哲学家）一直聚焦于政治体系中格外重要的一个次体系，即出现在国家治理中的影响力关系，或我们所称之的**民族政治体系**（national political systems）。尽管在本章和下一章我们将主要关注政治体系的这个关键次体系，但是有必要记住：在日常生活中，我们都处在政治体系的包围之中。这些我们甚或并不以为然的政治体系，经由影响力、控制和权力关系，有时通过说服、操纵、强制甚至暴力的形式，施压于并构造着我们的日常生活。

政治学家通过对各民族政治体系的观察得出了结论：政治体系在某些方面基本相似，在其他方面则迥然不同。在本书第二部分的这一章和以下各章中，我们将探讨政治体系的相似性与差异性。[3]

两种极端的观点

关于政治体系，有两种既截然相反但又颇为平常的观点。依据第一种观点，政治体系的重要方面是从不变异的；而依据另一种观点，政治体系是那样的具有可塑性，以至于可以被人们随心所欲地加以塑造。

这一冲突，就如同实际存在的所有政治争议一样，尽管某些歧义可以从纯语义的角度来看，但在根子上却并不只是一个文字的问题。例如，考虑一下这样一个假设：所有的政治体系都是由**统治阶级**（ruling class）或统治精英来支配的。这一观点与三个人有关，他们生活在 19 世纪最后 25 年和 20 世纪最初 25 年，都经历过欧洲的动荡与变迁。其中，有两位是意大利名人：维尔弗雷多・帕累托（Vilfredo Pareto，

1848—1923）和盖坦诺·莫斯卡（Gaetano Mosca，1858—1941）；第三位是罗伯托·米歇尔斯（Roberto Michels，1876—1936），他虽然出生于德国，却在意大利度过了大部分的时光。在对民主大失所望或冷嘲热讽的社会理论家中，这三个人备受推崇。莫斯卡的这段话似乎萃取了他们所持论点的精华：

> 在一切政治有机体中，都可以发现某些经久不变的事实和趋势，而其中的一个更是如此明显，以至于连最漫不经心的人也能看得清清楚楚。一切社会，从很不开化、文明曙光初现的社会，直到最发达和最强盛的社会，都由两个阶级的人构成：一个是统治阶级，另一个是被统治阶级。第一个阶级的人数总是较少，履行所有的政治功能，垄断着权力并享受着权力带来的好处。第二个更为庞大的阶级，则受第一个阶级的指挥和控制，这种统治方式或多或少是合法的，或多或少又是专横和残暴的；第二个阶级至少在表面上还要供养第一个阶级，为其提供生活资料和维持政治有机体生命力的基本工具。[4]

站在莫斯卡、帕累托和米歇尔斯对立面的，是准备迎候乌托邦之夜到来的天真的热心人。他们声称，甚至可能也相信，当新时代来临时，“政治”就将消失。对于在政治中什么持续不变和什么变幻不拘，观察家们存在着争议。设想依凭我们目前的知识就可以一劳永逸地解决这一问题，就必定会引起误解。每一种极端的观点都包含着某些真理的成分，但它们又都是不完全的。

许多世纪以来对政治的观察表明，当太阳升起在一个“没有政治”的新社会之后，刚到正午时分，那“旧的”政治就已经回来复仇了。换句话说，正如莫斯卡、帕累托和米歇尔斯所断言的那样，统治国家的政治体系有许多相似之处，而且如同我们最想说的，相似性一直都存在着。另外，引入“新政治”的尝试可以在政治体系的功能方面导致某些有远见的与重要的差异，而不论那些差异是更好的还是更坏的。不过，我们还是把这些差异性留给第七、第八和第九章吧。在本章余下的篇幅中，我们将专注于相似性。

政治体系的相似性

政治资源占有的不平衡

正如我们在第五章所说，政治资源是某个人或某些人得以对其他某个人或某些人施加影响力的手段。政治体系的第一个相似性就是：**政治资源的控制权分布得并不均衡**。之所以如此，至少有四个原因。

（1）每个社会都存在着某种功能专业化：在发达社会，专业化是广泛的。功能专业化（劳动分工）能造成人们在获取不同政治资源方面的差异。

（2）由于先天的差异，并非所有人都能以同样的政治资源来开始其生活，那些起点高的人往往能加强其领先地位。个人和社会在某种程度上都是过去的囚徒，他们的起点，无论从生物学意义上还是从社会意义上看，从来就不是一张白纸。有些天资是生物学上的，但许多天资，如财富、社会地位或教育水准和父母的指望，则并不是生物学上的，而是社会的。无论来源为何，人们与生俱来的生物性与社会性的天资差异，常常会导致成人之间更大的资源差异。例如，受教育的机会，几乎在所有地方，都至少部分地与某人父母的财富、社会地位或政治职位有关联。

（3）生物学和社会继承上的差异，加上经历上的差异，会引起同一社会中不同的人在动机与目标上的差异。这种差异又转而会导致技能和资源方面的差异：并非每个人都有相同的动力去运用影响力，去当领袖或去获取可以帮助领袖们影响他人的种种资源。

（4）最后，为了使不同的个人胜任不同的专业，社会通常会鼓励人们在动机和目标上的某些差异。这是一个完美的循环：只要功能专业化还被当成是有利的，动机上的某些差异也就会被认为是有益的。但是，动机上的差异很可能会引起资源上的差异，例如，使战士比牧羊人具有更大的军事本领。

由于这四个原因[5]，要使社会中的政治资源在成人中分配得完全公平，看来是不可能的。我们已经说过，不同社会中的政治资源的分配方式是**有**差异的，而且这些差异还很重要。不过，这是我们在第七章才会讨论到的问题。

寻求对于政府的影响力

政治体系中的某些成员力图获得对政府所实施的政策、规则和决策的影响力，而另一些人却并不这样做。人们寻求对政府的影响力，并不一定是为了影响力本身，而是因为控制政府有助于他们实现一个或多个别的目标。控制政府是人们实现其目标或价值的惯用方式，因而在一个政治体系中没有人寻求影响力那才是令人难以想象的。

对于政府的影响力的不均衡分布

对于政府的影响力，在生活于某个政治体系的个人中间的分布是不均衡的。显然，这一命题同我们提到过的第一个相似性是紧密关联的。因为某些人拥有较多可以用来影响政府的资源，他们也就比较容易获得更多施加于政府的影响力，如果他们愿意这样做的话。对政府具有较多影响力的人可以用他们的影响力来控制更多的政治资源。

人们对于政府的影响力是不平衡的，这是一个早已为人们所了解的现象。然而，虽然许多观察家同意这个事实，但他们对它的估计却不尽相同。他们中的一些人为之辩护，而另一些人却对其抨击。亚里士多德在《政治学》首卷中就企图解释和维护主人对奴隶、丈夫对妻子、家长对孩子的权威。2 000 多年以后，在启蒙运动的中期，卢梭在其著名的《论人类不平等的起源》（1775 年）中却力图说明和抨击权力的不平等。卢梭追根究底，将权力不平等的根源归结为财产的不平等。他强调，财产不平等转而会导致其他资源的不平等。卢梭之后不到一百年，马克思和恩格斯在《共产党宣言》以及一系列随后发表的革命论著中，也做出过类似的解释。

有时，“对于政府的影响力的分布是不平衡”的命题，与莫斯卡关于“每个政治体系中都有一个统治阶级”的假设，是分不大清楚的。但是，这二者并不是同一个意思。我们将在下一章再来讨论这种区别，因为究竟有还是没有一个或多或少具有永恒性的统治阶级，是政治体系相互区别的一个方面。的确，如果我们把对政府最有影响力的个人称为“政治领袖”的话，那么，我们的第三个命题就意味着：每一个政治体系都有可能视为相同的领袖。这就是我们在本书中使用的“领袖”或“政治领导人”的意思，即指那些在一国的政治体系中对政府具有最大影响力的个人。这样的领袖通常在政府中居于高位，但有时他们却并不占据政府的重要职位，而只是在幕后发挥作用。

对相互冲突的目标的追逐和处理

人们生活在一种追逐冲突性目标的状态中，对这些相互冲突的目标的处理，除其他方式外，就得靠一国的政府。冲突和同意是政治体系的两个重要方面。生活在一起的人们绝不会事事一致，但如果要继续生活在一起，他们就不能在目标上全然不和。

虽然政治理论家已意识到了这种双重性，但他们中的有些人往往更重视其中一个方面。一些人，如霍布斯（Hobbes），强调人们有相互冲突的嗜好；而另一些人，像亚里士多德和卢梭，则很看重人们形成一致与合作的倾向。

政府并不一定每次都介入不同个人之间在目标和行动上的冲突。冲突常常能以别的方式来处理，而不用政府来染指。例如，人们通过散布流言，或者通过巫术、语言挑衅、经济竞争，甚或以单独的暴力行为来解决彼此的冲突。

在复杂社会中，大量的冲突是由国家之外的政治体系来调停、仲裁、镇压、解决或以某种方式来处理的。然而，当冲突解决所需强制力甚或武力超越了在一国领土范围内活动的种种“更小的”治理机构（government）的可能或被允许的限度时，政府的官员就可以依凭“对暴力的合法使用”这一排他性规则，来运用其超强的影响力。于是，一旦冲突被认为已经超出政治体系中其他个人或其他过程的解决限度时，一国的政府就会公然地介入其中。

合法性的取得

政治体系中的领袖力图使人们确信，不管什么时候政府手段被用于处理冲突，达成的决定都会得到普遍的认可，这不仅出于人们对暴力、惩罚或强制的恐惧，还出于人们对这样做在道德上具有正确性和适当性

的信赖。按照该词的一个用法，一个政府，只要其治下的人民相信其结构、程序、法案、决定、政策、官员或领袖具有“正确”、适当或道德上的善这类的品质，就可以被说成是“合法的”。这样，我们的第四个命题就无异于说：政治体系中的领袖们都试图赋予其行为以**合法性**（legitimacy）。

当领袖的影响力披上了合法性外衣时，通常就被称为**权威**（authority）。权威，如同我们在第五章所解释的那样，就是一种当B自动地按照A的意愿行事时才出现的一种影响力形式。权威产生于B的多种感知或情感，其中之一就是A的意愿或命令是合法的，也就是说B服从A是适当的、正确的或在伦理上是善的。因此，我们的第四个命题也就是说：政治体系中的领袖试图把他们的影响力转换成权威，而且只要有可能，就转换成基于合法性认知的权威。领袖们通常都能取得成功，所以合法性不仅是普遍的，也是重要的。

领袖们为什么要力争获得权威，特别是基于合法性的权威，这是很容易理解的。对A来说，基于合法性的权威是特别有效的和有吸引力的。此外，它还特别经济，因为B（通常也包括A）把B的服从看成一种道德义务，这种义务反过来又使B把主动接受A的要求当成一种例行公事。

权威不仅比赤裸裸的强制更为可靠和持久，还能使领袖以其他政治资源的最小开支来进行管理。例如，凭借恐惧和暴力是不可能完成大型官僚组织（如美国的邮政局、法国的国防部、马萨诸塞总医院、通用汽车公司或纽约的公立学校系统）的复杂任务的。同样，单纯依靠直接的奖赏大概也是不可行的，或者代价毕竟要大出许多，因为这样做就必须有一套以额外的津贴来激励个人完成必要任务的呆板的“计件”制度。

虽然许多不同的政治体系都能获得合法性，但民主制或许比大多数其他体系更需要它。从长期或短期来看，有违人的意志，强制或胁迫一群人参与一种成功的民主制，是不可行的。事实上，当民主制遭到一个大的少数派的反对时，它就不大可能存活下去。这是因为，如果多数派总是不得不把它的统治强加于大的少数派，那么民主的制度就必将遇到障碍。

大量不同的政治体系似乎都曾经在各不相同的时段与地点获得过相当大的合法性。甚至在比较民主的美国社会，那些体现着相当对立的组织原则的政治体系，也都获得了合法性。例如，商号、政府机构和某些宗教社团就是根据等级原则而非民主原则组成的。然而，许多因美国政府的民主结构而承认其合法性的公民，也给予这些等级体系以合法性。在某些时候和地方，几乎每一个可以想到的政治安排——封建制、君主制、寡头制、世袭制、贵族制、财阀制、代议制政府、直接民主制——都曾经获得过那么大的合法性，以至于人们甘愿以生命去捍卫它们。

意识形态的发展

政治体系中的领袖通常信奉一套或多或少具有连贯性与完整性的主义，其主旨是为他们在体系中的领导地位提供说明和辩护。一套这样的主义常常就被称为一种**意识形态**（ideology）——莫斯卡称之为“政治公式”[6]。领袖们之所以要提倡一种意识形态，一个显而易见的理由是：赋予他们的领导地位以权威与合法性，并因而使他们能够在一个惯常与可持续的基础上来运用这种最经济的政治影响力形式。正如我们希望已经说明白的那样，权威是远比强制要经济的统治手段。

某些领袖，包括那些最高的政府官员和他们的盟友，通常信奉一种不仅可以为其领导地位也可以为政治体系本身辩护的意识形态。因此，他们的意识形态也就是官方的或主流的意识形态。一种主流意识形态意味着：道德的、宗教的、事实的和其他的假设是专用于证明本体系的合理性的。一种高度发展的主流意识形态，通常既有评价体系中的组织、政策和领袖的标准，又有描绘体系实际上如何运行的理想化图景，以及缩小现实与意识形态所规定的目标之间的差距的解说词。

虽然一种主流意识形态有助于在职的领袖们获取合法性，但就此下结论说：一种意识形态的存在或内容，完全可以按照领袖们为其行动寻求合法性外衣，从而把赤裸裸的权力转变为权威的意愿来解释，也是很不现实的。这是因为，许多人并不是领袖，但他们也接纳了意识形态。这个事实表明：为了弄懂关于生命以及人在宇宙中的位置的意义和目的，这些人也有进行解释（说明他们的经验和目标）的愿望。如果说人类几千年来一直都在努力理解行星和恒星的相对运动，却并不想弄懂自己的政治秩序，那就太令人费解了。而且，尽管表面上看似相反，但领袖们却并不能随意捏造和操纵一种支配性意识形态，因为一旦政治意识形态在政治体系中得到广泛认可，领袖本身也会成为它的囚徒。如果违反意识形态的规范，他们也要冒削弱自身合法性的风险。

不过，假定主流意识形态是一个被政治体系中所有人都接受的、完整与连贯的信仰体系，同样也是不现实的。首先，某一具有特色的意识形态的实际发展和清晰程度，因政治体系的不同而相差甚大。其次，没有一种意识形态是浑然一体或天衣无缝的。一种意识形态并非必然是静止的：新的形势要求人们重新解释需求、强调新目标，于是，种种新奇、无关甚或不协调的要素就会潜入其中。这样一来，某种程度的模棱两可有时反倒是一种可资利用的优点，因为它正好给灵活性与变革性留出了余地。

再次，一种主流意识形态大概从来都不会被一个体系的所有成员同样地接受下来。对于领袖们所表述的主流意识形态，许多成员只具备初步的知识；其他成员或许实际上持有——并不一定是无意识的——形形色色的但与主流意识形态并非完全吻合的个人观点。

最后，主流意识形态可能会遭到拒绝。政治体系的某些成员（民主国家中的共产主义者或法西斯主义者，或者极权国家中的民主主义者），也许会坚持对立与冲突的意识形态。由于人们的目标不尽相同，在任的领袖在其统治期内，鲜有不遭遇公开或隐蔽之反对的；也几乎找不出哪个体系能够依托其全体成员的衷心拥戴。一个政权的反对派常常会发起批判，否定现存体系的合法性。批评者常常还会给出一种与他们所描绘的现存体系不一样的体系，即一种被说成具有合法性基础的体系。

有时，某一时期的革命意识形态会成为另一时期的主流意识形态。在 18 世纪，民主学说是革命意识形态；而在今天，它却是美国和绝大多数西欧国家的主流意识形态。

其他政治体系的影响

其他政治体系的存在会影响到某一政治体系的功能发挥。除了极个别可以被忽略的偶然情况外，例如一个小的、完全孤立的俱乐部或部落，政治体系并不是孤立存在的。

如果不考虑例外的情况，每一个政治体系都会介入对外关系（foreign relations）[7]，因为一个体系的行动要受到其他体系在过去、现在或未来可能的行动的影响。一个城市无法忽视全国性政府的存在，全国性政府机构的行动又必须适应一个铁的事实，即还存在别的全国性的政府机构、联盟、联合体以及国际组织。一个俱乐部或一个宗教机构不能完全自主地行动，就连某个工会的领袖们也得考虑到相关商号、其他工会以及政府曾经有过的或可能采取的种种行动。

其他政治体系的影响是那样显著，要不是有这样一个奇怪的事实——大多数人在描绘其理想的政治体系时都会忽略由于其他体系的存在所施加的限制——就没有必要专门来提及了。想象一个“好社会”的确很容易，只要人们不去理会周围世界中杂七杂八的而且多半还是坏的其他社会。因此，政治乌托邦就是这样，它通常被虚构成一个不受外部关系所施加的令人厌烦的种种限制的社会。这些限制，不是被忽略得干干净净，就是按某种简易方案被处理得空空如也。

变化的不可避免性

所有的政治体系都经历着变化。用这一规律来总结本章并提示下一章的主题，正是时候。

自古以来，政治观察家们都曾提到过政治体系的变异性。“注意：凡事皆有始有终，”柏拉图写道，“即使像你们那样的政体也不会永世长存，而将在某个时候解体。”他特别偏爱那些富有想象力而又略显刻板的理论观念。这些观念来源于神思妙想，却没有得到过具体经验的验证。柏拉图进而还描写了不可逆转的衰变过程。在其中，即使是他所推崇的完美的贵族制也必然会退化为“勋阀制”（timocracy）或以荣誉至上为原则的政体，随后是寡头制，然后是民主制，最后是僭主制。

亚里士多德抛弃了柏拉图的辩证法，但他在《政治学》中却以很长的篇幅论述了革命和政体变化的原因。他扩展了政治变迁的理论，正好在柏拉图所坚持的观点上超越了他。他的评论很有见地，至今仍值得一读。

虽然政治学者已观察到了政治体系的变异性，但那些打算描绘理想国景象的人，却把所有的变化都从他们虚构的乌托邦中剔除了出去。要保持完美，理想国就不能有变化；如果有变化，那就必定要变坏。于是，政治乌托邦排斥或贬低变化的观念。柏拉图假定，甚至他的完美的国家也会变化，但它必然会日益蜕化为更坏的形式（正如亚里士多德毫不客气地指出的那样，“当它变成僭主制时，柏拉图就打住了：他从来不解释僭主制变还是不变；也从来不解释，如果变，为什么变，或会变成何种政体”）。卡尔·马克思（Karl Marx）把柏拉图颠倒了过来。他把整个历史描绘成一个永无休止与不可避免的变化过程。然而，据马克思推断，一旦达到共产主义这个最后阶段，引起迄今为止的变化的所有历史力量，都终将会消解于无形之中。有时，就连民主主义者也暗示：民主制是人类政治演化的最终阶段。然而，在整个政治史上却不曾有过一成不变的政治体系。而且，如同我们将在本书第二部分余下的章节中看到的那样，政治体系的变化——从非民主制到民主制，或者从民主制到非民主制——本来就是政治学家全神贯注的大事之一。

无论是和平的还是暴力的，进化的还是革命的，政治变化都是显而易见和格外重要的。因此，人们做了许多的尝试去理解、解释甚至预测政治变化；还试图分清变化的不同类型，确定产生这些类型的条件，并明确变化的次序。特别是革命，它已经激发出了大量的调查和理论。不过，我们依然缺乏对政治变化的系统理解或关于革命的令人满意的理论；而且，我们预测关键政治变革的能力也依然相当差。然而，我们还是可以很自信地做出至少两项预测：（1）每一个政治体系，不管它是多么牢固，或只是表面上如此，肯定都会发生重大的变化；（2）变化如此难以预测，因此高度的不确定性乃是政治生活无法回避的一个特征。[8]

或许，在整个世界上没有哪个时代如同20世纪那样可以用变化来作为政治生活的特征，整个生活领域的确也就是这样。而且，我们有无数的理由相信，就变化的速度和范围而言，也没有哪个世纪堪与20世纪相提并论。

* * * * *

本章论述了政治体系的相似性，下一章将转而讨论不同政治体系之间的重要差异，其中包括民主制与非民主制的差异。这是一个非同寻常的重大主题，我们除了要在第七章的最后加以引介外，还要在第八、第九两章展开论述。

注 释

［1］注意：在美洲国家组织（OAS）这个术语中，我们用“state”来表示独立的国度（country），就如同我们在第四章使用该术语时那样。OAS有大约35个国度（country）或国家（state），分别处于西半球，它们是美国、加拿大、墨西哥、危地马拉、巴西、阿根廷、海地，诸如此类。

［2］美国审计局（U. S Bureau of the Sensus）：《美国统计汇要：2000年》，第120版（哥伦比亚特区，华盛顿：美国政府印刷局，2000），299页，表490；55页，表63；56页，表65；166页，表264；535页，表855；665页，表1097。

［3］本章及之后第七至十章对政治体系的相似性和差异性的分析，大都聚焦于含有国家统治的那些政治体系，即**民族**政治体系，但有时也会把相似性和差异性分析运用到**所有**政治体系之中。我们希望通过上下文的分析搞清楚究竟是宽焦点还是窄焦点有解释力，而且我们也鼓励读者在阅读第二部分各章时能够记住这一区分。

［4］莫斯卡：《统治阶级》（《政治科学基础》，1896），阿瑟·利文斯通（Arthur Livingston）编（纽约：麦格劳-希尔公司，1939），50页（此处的引用得到麦格劳-希尔图书公司的版权许可）。这一假设也见于：帕累托的《精神与社会》（《一般社会学概论》，1916），四卷本（纽约：哈考特·布雷斯·乔万诺维奇公司，1935），第4卷，1569页；以及米歇尔斯的《政党》（1915），（纽约：科利尔图书公司，1962），342页及其后各页。对莫斯卡的最后版本的统治阶级理论的卓越研究，见詹姆斯·H. 梅瑟尔（James H. Meisel）的《统治阶级的神话》（密歇根州，安·阿伯：密歇根大学出版社，1956）的附录。对帕累托的出色介绍，见《维尔弗雷多·帕累托：社会学论著》，S. E. 芬纳（S. E. Finer）选介（纽约：霍尔特、赖因哈特和温斯顿公司，1966），也可见芬纳的《帕累托与财阀民主：后退到加拉帕戈斯》，载《美国政治学评论》，第62期（1968年6月），440～450页。对米歇尔斯观点的简明概括和批评，见约翰·D. 梅（John D. May）的《民主、组织、米歇尔斯》，载《美国政治学评论》，第59期（1965年6月），417～429页。

［5］有关全面的论述，参见格哈特·伦斯基（Gerhard Lenski）：《权力与特权》（纽约：麦格劳-希尔公司，1966），特别是第四章。

［6］参见莫斯卡：《统治阶级》，70～71页。

［7］“对外关系”一词，当其被用来表示如美国、俄罗斯、法国或印度这类民族政治体系的关系时，人们当然不会陌生；而当其被应用到诸如城市、郡县、大学或家庭这样的小的政治体系时，人们就觉得有点不合适。即便如此，这一用法的要点仍在于：所有政治体系都无一例外地要处理与其他政治体系的关系。

［8］有些政治学家仔细区分了“变化”（change）和“发展”（development）。他们因而主张，不应该把政治体系的所有变化都看成“发展”。也就是说，作为**“进步”**（progress）的发展，具有某种可以查知的甚至是值得向往的方向。

第七章
政治体系：差异性

政治体系的种种分类方案同政治研究本身一样古老。例如，亚里士多德就曾提出一种分类。他依据的标准有二：有资格进行统治的公民人数是一个、几个还是许多个；统治者究竟是根据“共同利益”还是自己的私利来进行治理。[1] 这一如表 7－1 所示的著名的六重分类法，至今仍影响着人们对政治体系间重要差异的思考。循着亚里士多德早先提出的令人瞩目的分类方案，后来尤其是在最近的几十年中，又出现了许多同样出色的分类。[2]

表 7－1　　亚里士多德的政治体系分类

有统治资格的公民数目	统治者以谁的利益来统治	
	全体公民	他们自己
一个人	君主制（帝王制）	僭主制
少数人	贵族制	寡头制
许多人	共和制	民主制

有最好的类型学吗？显然没有。划分政治体系的标准难以计数，究竟什么标准最有用则取决于我们对政治的哪个方面最感兴趣。地理学家或许会根据政治体系所占据的地域来进行划分；人口学家多半会根据政治体系所掌控的人数来划分；律师则会根据政治体系的法典来划分；热衷于发现“最佳”政治体系的哲学家或神学家，会使用伦理或宗教的标准来划分；有意于确定革命与经济条件关联性的社会学家，也许会用相

对收入和革命频率来划分体系。正如没有区分人的最佳方法一样，也没有一种既可以对政治体系进行区别和归类又能够满足各种意图的单一的最佳方法。

政治体系之间尽管存在着不可胜数的差异，但其中的某些差异与非常广泛的重要结果（特别是与大众政府的结果）联系在一起，因而尤其值得强调。它们是：（1）通往现在的路径；（2）社会经济水平或“现代性”的程度；（3）政治资源和技能的分配；（4）分裂与融合的基础；（5）政治冲突的大小或严重性；（6）分享和行使权力的制度。

虽然这些差异在某种程度上适用于各种政治体系，但还是让我们集中讨论我们在政治体系参照系中所设定的不同国家的政治体系，或我们先前所称的**民族政治体系**。

通往现在的路径

在某些方面，每一个政治体系都有一个独特的过去。这不仅是一个抽象的论点，因为过去的遗产能对现在施加沉重的压力并影响到将来。过去的差异意味着当今世界的 190 来个国家并不存在完全相同的选择。一个长期遭受极权统治而对外部世界一无所知的民族，不可能在一周之内就能实现稳定的民主。而且，如同我们即将看到的，一个国家通往现在的特定路径或与现在有关的政治历史，常常会给其内部的冲突打下几乎难以磨灭的烙印。这种烙印如此之深，以至于就连长达数月的谈判都不大可能造就内部的和平与稳定。

“现代性”的程度

深嵌于社会之中的历史，使政治体系分别处于“现代化”的不同阶段。被政治学家广泛使用的“现代化”一词，具有狭隘的意味，但其含义却可以被界定得相当明确，明确到足以用来测量政治体系。简言之，国与国之间在人均收入、识字率、教育、技艺、技术、工业化、城市化、报刊的行销、计算机和互联网的使用程度、交通设施等方面，都相去甚远，所有这些往往都有相互的关联：一国在某个方面发展水平相对较低（即不那么“现代”），在其他方面发展水平也就可能相对较低，反之亦然。

在表 7－2 中，我们根据 1998 年的人均国民生产总值（GNP per capita）把 148 个国家[3] 分成了四类：

高收入国：人均年收入（annual per capita income）9 361 美元或更多。

中高收入国：年人均收入在 3 031 美元与 9 360 美元之间。

中低收入国：年人均收入在 761 美元与 3 030 美元之间。

低收入国：年人均收入低于 761 美元。

表 7－2　148 个国家* 的人均年收入与所选健康和教育特征函数

人均年收入组别	国家数量	平均人均年收入	婴儿死亡率（每1 000 个新生婴儿）	预期寿命自出生起（以年计）	小学适龄人口在校百分比	大学或学院适龄人口在校百分比
高收入组（9 361 美元或更高）	26	25 480 美元	6	78	100%	59%
中高收入组（3 031～9 360 美元）	26	4 870 美元	26	71	96%	23%
中低收入组（761～3 030 美元）	38	1 740 美元	35	68	94%	27%
低收入组（760 美元或更低）	58	520 美元	68	53	86%	6%

资料来源：《2000 年世界发展指数》（哥伦比亚特区，华盛顿：世界银行，2000）。人均年收入组别与国家数量由内置的封面与 10～12 页算出。1988 年的平均人均年收入数据在 12 页，婴儿死亡率数据在 108 页，预期寿命自出生起的数据在 108 页，小学适龄人口在校百分比（纯入学比例）数据在 76 页，大学或学院适龄人口在校百分比（总录取比例）数据在 76 页。

* “国家”包括了“人口在百万以上且有关当局也提供了数据的 148 个经济体”。见《2000 年世界发展指数》，xxii 页。

如表7－2中所示，人均年收入越高，婴儿死亡率就越低，预期寿命就越长，享受高等和初等教育的适龄人口比例就越高。如果仔细审视表7－2的数据，就确实可以发现对这一总体模式的一个微小偏离：在高收入国家有59%的适龄个人在不同的高校接受教育，在低收入国家这个比例只有6%，但在中低收入国家接受高等教育的比率（27%）却要比中高收入国家的比例（23%）略高。但是，这一对收入和“现代性”指数之间明显的总体关系的小偏离，却并未削弱两个重要的论点：（1）民族政治体系在与其社会相伴随的现代性上有实质上的不同；（2）人均国民生产总值是分析民族政治体系的特别有用的统计数据，因为国民生产总值与一国社会的其他许多重要特征紧密相关。[4] 对于（2）我们应该注意：一方面，在人均收入与表7－2的其他变量之间存在着相似的关系；另一方面，人均收入与我们在前面的段落中提到的其他许多变量（例如，互联网的使用，交通设施）之间也存在着相似的关系。

从总体上说，高收入民族政治体系的社会与那些低收入的社会差别巨大，与中低收入和中高收入的社会也有实质性的差异。还要说的是，高收入国家的社会具有特别有利于民主体制的种种特征；相反，一个国家的人均收入越低，有利于民主制的条件就越少。在下一章，我们还将回到这个重要论点上来。

政治资源和技能的分配

我们在第五章中注意到，在**所有**政治体系中人们占有政治资源的机会都分配得不均衡。不过，政治资源分配不均衡的程度，却是随体系的不同而有所不同的。例如，知识是一种对于个人发挥影响力的能力有巨大影响的政治资源，但在**每一个**政治体系中，通过识字和教育来获取知识的机会的分配却并不均衡；而在有些政治体系，这种不均衡要比在其他体系更大一些。

让我们设想出三个假定的社会中不同的识字率与受教育数据：社会

(1)，在其中所有人全都能阅读，所有适龄者全都能上中学；社会(2)，在其中有大约一半的人能阅读，有大约一半的适龄者能上中学；社会(3)，在其中没有人能阅读，没有人能上中学。确实，就通过识字和教育来获取知识的机会的分配而言，嵌入在社会(1)和社会(3)中的政治体系，要比社会(2)中的更为平等。在社会(2)中，一半的人能阅读，另一半不能阅读；而在社会(1)中每个人都能阅读，在社会(3)中却没人能阅读。

现在，让我们来考虑表7－3中列举的七个真实的政治体系中的成人识字率和中学入学率。注意：据报告，波兰、俄罗斯和乌克兰具有完全普及的成人识字率，适龄个人的中学入学率也很高（超过85%）。相反，在加纳，只有60%的成年女性和78%的成年男性是识字的，相应的比例在印度是43%和67%，在海地是46%和50%，在孟加拉国是29%和51%。适龄人口上中学的百分比，在印度、加纳、海地和孟加拉国从60%一路下降到了22%。以波兰、俄罗斯和乌克兰为一方，而以加纳、印度、海地和孟加拉国为另一方，双方的反差看上去非常明显。

表7－3　　20世纪末七个国家的成人识字率和中学入学率*

国家	成人识字率		适龄人口中学入学率
	女性	男性	
波兰	100%	100%	87%
俄罗斯	99%	100%	88%
乌克兰	99%	100%	94%
加纳	60%	78%	41%
印度	43%	67%	60%
海地	46%	50%	24%
孟加拉国	29%	51%	22%

资料来源：《2000年世界发展指数》（哥伦比亚特区，华盛顿：世界银行，2000），82～84页以及74～76页。

*成人识字率是根据有关国家1998年发布的成人识字率数据计算而来的。

1997年波兰、俄罗斯、印度、孟加拉国与海地的适龄人口就读于中学的比例，就是世界银行所称“净入学率”（net enrollment rates）。但是，乌克兰与加纳1980年的入学率，却是世界银行所称“毛入学率”（gross enrollment rates），因为这些国家都还没有“净入学率”的报告，也因为1980年是它们报告“毛入学率”最近的年份。对世界银行而言，“毛入学率就是总入学率（不论年龄大小）与官方规定的某级教育学龄人口总数的比率”；“净入学率是按官方规定的学龄（由国民教育系统界定）入学的人数与官方规定的该级学龄总人口的比率”（《2000年世界发展指数》，77页）。这七个国家的中学入学率是容易得到的，它们表明了政治体系多样性这个总的要点，却并不是上述定义的精确应用。

波兰、俄罗斯和乌克兰，还有美国、加拿大、英国、德国、日本、澳大利亚以及其他一些国家，与我们在前面所设想的社会（1）类似。加纳、印度、海地和孟加拉国，还有埃及、埃塞俄比亚、巴西、玻利维亚，以及许多别的国家，与假设的社会（2）差不多。根据世界银行20世纪90年代末的数据，没有任何现存的有规模的国家，与假设的社会（3）相似。如果以识字率和中学入学率来大致衡量，表7-3中出现的前三个国家（波兰、俄罗斯和乌克兰），在获取知识的机会或获取知识的潜在机会方面，都要比列在后面的四个国家（加纳、印度、海地和孟加拉国）更大也分配得更为均衡一些。在后面这些国家，只有大概2/5（孟加拉国）到2/3（加纳）的成人（男性与女性相加）能享有最基本的识字的好处，而适龄青少年就读中学的比例也只是在1/5（孟加拉国）和3/5（印度）之间。在这四个国家与其他类似的一些国家，能够阅读与不能够阅读的成人所占有的比例都很大，这种分歧不可避免地伴随着在有见识和有效率的政治参与方面的所有差异。与刚提到名字的四个国家在知识获取的实际或潜在机会方面的不均衡分配相反，俄罗斯、波兰和乌克兰在成人识字率方面就没有那么大的距离。在这三个国家以及类似的国家中，关于成人识字的政治资源分配要均衡得多，因为据报告，几乎所有的成人都已经得到了这种资源，相似地，有超过5/6的适龄青少年都上了中学。

财富与收入也是政治资源，而且这两者在任何政治体系中的分配都是不均衡的。让我们再次设想三个假定的社会：社会（a），在其中每个成人的收入都与其他成人的完全相同；社会（b），在其中有些成人能比其他成人挣更多的钱；社会（c），在其中一个成人能赚得所有现存的收入，但其他任何人却什么收入也别想挣到。因为在所有社会中收入都是不均衡分配的，所以，所有真实的政治体系都嵌入在类似（b）的社会。然而，在种种不同的社会内，收入不平等的**程度**却并不相同。

现在让我们转到图7-1，该图用洛伦兹曲线（Lorenz Curve）来表示三个不同的政治体系（挪威、美国和巴西）的收入不平等程度。注意，对角线标记为“平等线”，它适合我们所假定的社会（a），在其中所有人的收入都是相同的。在这样一个社会，20%的收入赚取者得到了总收入的 20%，40%的收入赚取者得到了总收入的 40%，以此类推。代表一个特定国家收入分配的曲线越是从平等线向下弯曲，那个国家所在社会的收入不平等程度就越高。如图 7-1 所示：40%的收入最低的挪威人能挣到该国总收入的大约 24%，而同样数量的美国人和巴西人的相应收入，却分别只占总收入大约 16%和 8%。图 7-1 还显示，收入排名前 10%的挪威人能挣到该国总收入的大约 22%，而同类的美国人和巴西人的相应收入却大约是 31%与 47%。收入和它的近亲财富，两者都是重要的政治资源。图 7-1 表明挪威、美国和巴西在收入分配上的实质性差别：挪威——三个国家中最平等的国家，与我们所假定的社会（a）也最相似；巴西，在收入分配上是最不平等且最类似我们所假定的社会（c）的国家。

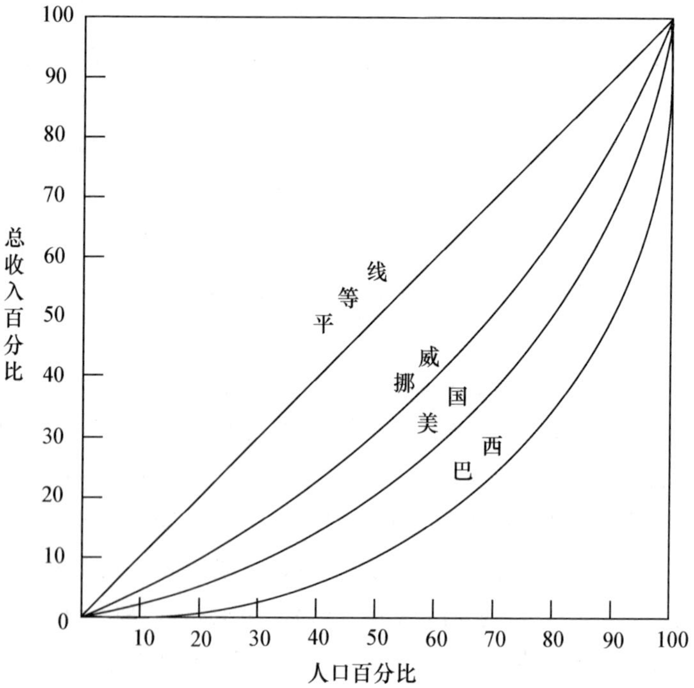

图 7-1　挪威、美国和巴西在 20 世纪 90 年代中期的收入分配洛伦兹曲线*

资料来源：《2001 年世界发展指数》（哥伦比亚特区，华盛顿：世界银行，2001），70～72 页。

* 挪威的数据是 1995 年的，美国和巴西的数据则是 1997 年的。

各特定国家的曲线是根据世界银行的数据来绘制的。

种种不平等的关联程度，也是因社会而异的。假设在一个政治体系中，每个人都按照其在那个社会最重要的政治资源上占有的相对地位来排列，我们就再来想一想财富、收入、知识、知名度、对传播的控制，以及对警察和军队的统率方面的情况。如果每个人在每种资源占有方面的相对地位相同，我们就会说在各种序列中存在着一种“完全的相互关联”，而且在种种资源上的不平等也是完全累积性的。某一个体拥有的某一种政治资源越多，他拥有的其他资源也就会越多。然而，如果某一个体在某一序列中的地位与其他序列没有关系（即没有相互关联），那么在种种资源上的不平等就会是弥散性的。弥散性并不意味着平等性：在一个不平等完全弥散的体系中，在每一种政治资源上都可能存在不平等。不过，累积性与弥散性不平等之间的差异极为重大，因为在一个弥散性的不平等的社会中，如果人们缺乏某一政治资源，就可能会通过对其他资源的更大控制来加以弥补。

在真实世界中，根本不存在我们刚提到过的那类具有完全累积性或完全弥散性序列的社会。政治体系具有一种强烈的导向累积性不平等的趋势，但各政治体系间的不平等看起来还是有着重大的差异。在低收入国（见表 7－2），不平等一般是高度累积性的。但是，在经历工业革命的社会里，财富和收入迅速从旧的封建贵族或土地寡头那里转入工业、银行和商业的新主人手中。不过，对大众而言，尽管收入在增加，不平等却仍然具有很强的累积性（这是马克思所目睹的 19 世纪中期的西欧所处的阶段）。

在继工业化而来的一个时期，一些国家进一步转向了一种新的社会——一种现代、动态和多元的社会。随着收入和大众消费的持续增长，技术、识字、教育、富裕和大众传播也进一步扩散开来。这种扩散可能还伴随着利益集团、各种组织、政治技能以及投票权的明显扩展。在这种条件下，政治资源的种种不平等即使依然持续着，但其累积性在减弱，而弥散性却在增强。于是，要确定“管理国家”的某个小而明确的精英阶层，开始变得困难起来，因为不同的精英倾向于在不同的活动领域运用影响力，而且他们的关系也变得高度复杂。例如，信息与知识已成为获取和保持影响力的非同一般的重要资源，而且各种“信息和知识精英”在决策中扮演关键角色的风气也已经形成。到第九章，当论及有助于推进政治体系中的民主制的各种条件时，我们还会转到这一点上来。

分裂与融合

在不同的体系中，分歧、冲突与联合的模式有着不同的原因。在阅读这一命题和其后的各个段落时应该留意：这里的论述，反对这样一个广为流传的见解，即政治冲突可以由一个单一的分裂根源来加以解释，而这一根源就是通常所说的“阶级”或“财产”这个经济特征。

尽管相关的推想、理论和研究层出不穷，我们对于政治体系中的冲突的理解却依然有限。单一因素的解释对于现有的数据显得捉襟见肘。与各国政治冲突相关的个人的和集团的特征，不仅包括社会地位、经济阶级、收入、财富和职业方面的差别，也包括教育、意识形态、宗教、语言、区域和家庭出身方面的差别。这些因素的重合使得一国和另一国间的分裂与融合具有不同的模式。

首先，历史为各国留下了足以引起分裂与融合的不同特点的遗产，如语言。出于经验，我们美国人弄不好会相信其他国家也只有一种官方语言，然而我们的邻邦加拿大就有两种官方语言。或者，我们再比较一下低地国家：荷兰只有一种语言，而与其相邻的比利时的语言分界线却已经存在千余年了，而且把说法语的瓦隆人和说弗拉芒语（一种德语系语言）的弗拉芒人分在了两边。在瑞士，法语区和德语区之间的分界线，自公元 5 世纪形成以来就几乎没有改变过。在世界的另一边，印度有超过 15 种的主要语言和 500 余种次要语言及方言。事实上，在印度就连好些小语种（英语就是一种）的使用者，都已超过所有的瑞典人。[5]

其次，历史留下了过去处理这些差异的不同记忆。以种族差别的处理为例。在美国，对非洲裔人的奴役产生了一种类似种姓制的歧视制度。这一制度，在奴隶制废除后延续了很长一个时期，直到现在仍以不断削弱的形态持续着并一直是剧烈冲突的根源。与之形成对照的是，在巴西，非洲裔人口的比例甚至更高，但以葡萄牙裔为主的统治人口却更容易接受种族混杂的局面；而在美国，奴隶制直到内战之后历经一代人的时间都还没有被完全废除。这样，即使巴西也存在种族歧视，但与美国不同，它并不是巴西社会冲突的主要根源。再来考虑语言。瑞士民族建立在语言平等的基础上，结果，由语言差异引起的政治冲突和怨恨微乎其微。但在比利时，弗拉芒人在经历了一个昌盛时期（其辉煌在当时伟大的弗拉芒画家的笔下有所反映）之后，经济和文化的衰落就形成了弗拉芒人从属于瓦隆人的局面——一个加重比利时政治怨恨的局面。近年来，弗拉芒地区的经济衰退得到了扭转，但瓦隆地区却出现了衰退，这在瓦隆人中引起了不满。另以宗教为例。在美国，宗教集团之间的纷争向来比较温和。但在北爱尔兰，新教多数派和天主教少数派之间的冲突却使得杀戮频繁发生、暴力成为家常便饭。在中东，穆斯林教徒、犹太教徒、基督教徒，以色列人和阿拉伯人，伊拉克的穆斯林阿拉伯人和穆斯林（但非阿拉伯的）伊朗人，逊尼派穆斯林和什叶派穆斯林，全都卷入了难分难解的冲突旋涡之中。[6]

最后，现代化的不同阶段往往会形成不同的分裂和联合模式。在19世纪，西欧的城市化和工业化总是伴随着苦难与冲突。马克思深信这最终会使不断壮大的城市无产阶级和日益削弱的资产阶级之间的两极对立演变成阵线分明的冲突，而无产阶级必将在这种冲突中赢得胜利。然而，从21世纪早期的情形来看，马克思在工业化的早期阶段对遥遥无期的将来的推断，好像是太过于仓促了。马克思目睹了处于工业革命之中的西欧，准确地预见到城市工人阶级改变现状的要求将会导致政治冲突的发生。但是，他没有预见到，在资产阶级尚未在与无产阶级的冲突中被击败之前，就会发生三件事：工业革命将开始转入大众消费阶段；工业无产阶级的规模将缩小并成为全部劳动力大军中越来越小的少数；由于工人阶级领袖提出的许多要求都将得到满足，工业无产阶级，一个少数派，对于倡导革命变革的战斗号召的反应，将越来越迟钝。

然而，在目前正经历工业革命的国家，改良或改变城市工人处境的要求所引发的冲突很可能成为政治生活的显著特点。同时，在大众消费的社会中，足以引起冲突的新的社会与意识形态基础也正在形成。

冲突的烈度

冲突的烈度，在既定的任何体系内随时间而异，在同一时期内又随体系而异。不管这一命题会潜藏怎样的困难，都掩盖不了这样一个事实，即仅以常识为据，这一命题几乎就是不容置疑的。一个多世纪以前，美国人在内战中卷入了一场相互间的大规模屠杀，这显然是一场激烈的冲突。1966 年，印度尼西亚发生政变，苏加诺政权被推翻，数十万人遭杀戮，这无疑是一场剧烈的冲突。在 20 世纪 90 年代，南斯拉夫的“种族清洗”使无数人伤亡并导致了难民潮，这是严重冲突的又一个也是更近的一个事例。武装反叛、内战、暴力革命、游击战争、街头战斗、在平民区频繁发生的自杀式炸弹袭击、大规模流放，都是极端强烈的冲突；而演讲、辩论、和平集会与和平选举却不是这样。

在任何特定的民族政治体系内，冲突的温度都是变幻不定的。即便在最稳定的国家，也很可能有过动荡与暴力的时期，起义、弑君、内战的时期，即“动乱的岁月”。但是，政治的温度在短期内也是高低不一的。内战是美国最极端的冲突的标志，但通观整个美国历史，每一代人大概都要碰上一次相当激烈的冲突。这是从 1787 年成文宪法批准后的第一个十年因颁布《外侨法》和《煽动法》而引发的骚动开始算起的。

然而，在任何特定的时期，某些国家的国内政治总要比其他国家更为平和一些。当某些国家尚处于其历史上的“动乱的岁月”时，另一些国家却可能正处在和解与统一的安然氛围之中。似乎更有道理的是，国家在文化和气质上的差别，可能使某些国家的人民比其他国家的人民更易于寻求平和、互谅的争端解决方式。或许真是如此，但某些国家在任何特定的十年中的冲突毕竟都要比其他国家更为剧烈，这也是显而易见的。

自然地，要为“冲突的烈度”这样的概念设计出令人满意的测量尺度并不容易，资料的搜集和诠释也是一样。在20世纪前50年，社会学家皮提鲁姆·A. 索罗金（Pitirum A. Sorokin）就作过这种开拓性的努力。尽管他的著作质量很高，但他的发现却被大大地忽视了。索罗金把精心设计的“动乱”（disturbances）指标应用于公元526年至1925年的法国历史，还应用于古希腊、古罗马、拜占庭、德国和奥地利、英国、意大利、西班牙、荷兰、俄国、波兰以及整个欧洲。通过大量而又艰苦的研究，索罗金得出了结论：

> 在所研究的大多数国家中，平均每年就有一场重大的社会动乱，而没有动乱的年份却只有五年。
>
> 一些国家比另一些国家更有秩序的说法并不真实：所有的国家都是有秩序的和无秩序的，只是因时而异罢了。
>
> 尽管国家之间在暴力和动乱的强度方面存在差异，但这些差异既不显著，也不连贯。
>
> 然而，在有记载的所有动乱中，免于暴力的只有大约5%，有着轻度暴力的约有1/4。“不流血的革命”的可能性似乎是微乎其微的。
>
> 大多数的动乱都只延续了几个星期。
>
> 指数既没有显示趋于更大、更好的“有秩序进步”的连续趋势，也没有显示趋于无秩序日增的连续趋势。
>
> 在国内动乱和国际战争之间并无联系。
>
> 动乱不仅发生于社会的腐败与衰落时期，也发生于繁荣与健康成长的时期。
>
> 最关键的（变化）在于社会文化网络中的价值与关系：当网络得以整合与强化之时，动乱就处于一个最低的水平。[7]

表 7-4　　1961—1970 年期间与其他国家相比较的美国国内冲突的某些总体特征

美国与 18 个西方民主国家和世界 87 个国家的国内冲突率对比			
	美国	18 个西方民主国家的中值[a]	87 个国家的中值[b]
参与政治示威的人员规模	每 10 万人口 5 400 人次	每 10 万人口 700 人次	每 10 万人口 900 人次
参与叛乱的人员规模	每 10 万人口 250 人次	每 10 万人口 9 人次	每 10 万人口 130 人次
死于国内冲突的人员规模	每 1 000 万人口 18 人	每 1 000 万人口 0[c] 人	每 1 000 万人口 21 人

就国内冲突而言，美国在 18 个西方民主国家和世界 87 个国家中的排名		
	美国在两个组别中的排名	
	18 个西方民主国家[a]	世界 87 个国家[b]
政治抗议的范围	第四	第十九
叛乱的范围	第四	第三十九
国内冲突的频度	第一	第四十五
国内冲突的总等级[d]		
1961—1965 年	第五	第四十三
1966—1970 年	第二	第二十三

资料来源：特德·罗伯特·古尔（Ted Robert Gurr）：《20 世纪 60 年代的抗争与反叛：世界视野下的美国》，110 页，表 3.3，见古尔编：《美国的暴力》，第二卷，《抗争、反叛与改革》（加利福尼亚，纽柏里公园：赛捷出版公司，1989）。获赛捷出版公司 1989 年版权许可，予以重印。

a 在这个比较中用到的国家是奥地利、澳大利亚、比利时、英国（包括北爱尔兰）、加拿大、丹麦、联邦德国、芬兰、法国、爱尔兰、以色列、意大利、荷兰、新西兰、挪威、瑞典、瑞士以及美国。中数就是中间值：在每一对比中，半数的国家有高于这个数的值，另一半则低于这个数。

b 这 87 个国家包括了世界上除中国以外的较大的国家。这 87 个国家包括北爱尔兰和波多黎各等三个属地。1965 年，这 87 个国家和属地的人口共计占世界人口的 73%。

c 在 20 世纪 60 年代，18 个西方民主国家中的 10 个没有人员死于冲突的报告。

d 在冲突的总体等级的构成中考虑了抗议与反叛这两者的范围和频度。关于如何建构测量的程式，可见特德·罗伯特·古尔和雷蒙德·杜沃尔（Raymond Duvall）的《20 世纪 60 年代的国内冲突：一个带有参数估算的互补理论体系》，载《比较政治研究》，第 6 期（1973 年 7 月），142～143 页以及 167 页，注 2。

近来，其他一些社会科学家也转向了这一重要论题。表 7-4 给出了政治学家特德·罗伯特·古尔对于 20 世纪 60 年代不同国家冲突变化的研究发现。该表显示：美国的政治抗议与反叛以及冲突的频繁度都比大多数西方民主国家要更多、更大。确实，在 20 世纪 60 年代，在 18

个民主国家中的10个，**都没有**人因为内部冲突而死亡，而在美国每百万人中就有18人因此而丧命。我们还能从表中得知：在20世纪60年代，西方民主国家的国内冲突在总体上比世界上其余的国家要少。古尔在更早的研究中发现，各国内乱的等级不尽相同，从诸如刚果、印度尼西亚、越南毁灭性的内战和广泛的群众暴动，到诸如瑞典、罗马尼亚和挪威等的全无国内冲突的记录。[8] 对于那些（错误地）相信美国是一个相比其他国家有着和平与非暴力的政治体系的美国学生而言，对照一下美国20世纪60年代那个格外动荡的十年就显得特别有趣。

总之，索罗金的发现、表7-4中的数据和古尔的早期研究，都有力地支持了我们的命题：冲突的烈度因政治体系而异。

分享和运用影响力与权力的制度

最后，**政治体系在分享和运用影响力与权力的制度方面各不相同。**一个潜在的非常重要的推定就是：政治体系在影响力的分配方面也是各不相同的。顺着亚里士多德的意思，这个推论也就是：影响力可以分配于一个人、少数人或许多人。但是，假定第五章所讨论的对影响力的观察和测量有问题，那么，对这种推论的信奉就必须在很大程度上依靠间接的证据。而且，最有说服力的间接证据就是制度的差异。制度能为公民提供机会以分享政策（由一国的政府来实施）制定的过程。在分享和运用影响力与权力上的这种制度差异是当代政治学家倾心关注的一个论题，也是我们在下一章（第八章）将要讨论的焦点问题。

注　释

［1］欧内斯特·巴克尔编：《亚里士多德政治学》（牛津：牛津大学出版社，1952），第三篇，第六章与第八章，特别是第110～114页。但要注意，亚里士多德后来提出了一个更为复杂的分类图式，他把寡头制等同于富人的统治，把民主制等同于穷人的统治。见第116页。

[2] 杰出的社会学家马克斯·韦伯提出了一种分类，其著作是我们的政府概念（见第31页）得以提出的依据。参见他的《社会与经济组织的理论》，A. M. 亨德森与塔尔科特·帕森斯译本（纽约：牛津大学出版社，1947），328页。阿伦·李帕特（Arend Lijphart）在《民主体系类型学》一文中对一些更近的分类方案，特别是与民主体系有关的分类进行了总结，载《比较政治研究》，1968年4月，第1期，3～44页。关于他自己的分类，见他的《民主政治体系：类型，案例，原因与结果》，载《理论政治学杂志》，1989年1月，第1期，33～48页。

[3] 严格地讲，表7-2是以世界银行的“148个人口在百万以上的经济体与有关当局所报告之数据”为依据来进行的分类。见《2000年世界发展指数》（哥伦比亚特区，华盛顿：世界银行，2000），xxii页。为了方便起见，世界银行所称的“经济体”（economy）与本文的“国家”（country）被当成了相应的同义词。表7-2中的数据表明了我们的观点：“现代性的程度”因世界上种种民族政治体系而大为不同；而且种种的变量（如表7-2所显示的）之间也都是高度关联的。

[4] 值得记住的是，在对待关于GNP的数据和其他指数时，我们应该谨慎一些。GNP的跨国比较是有风险的。而且，官僚机构收集数据的能力也有很大的悬殊。有学者曾报告说，某些欠发达国家的数据显然是由官员们杜撰出来的。特别是，婴儿死亡率的错误大都很多。世界银行投入了极大的耐心和资源来收集表7-2所列的数据，并使它们之间具有可比性。世界银行的数据，在总体上被认为是可以得到的数据中最可靠的那一类，多半还是最可靠的**那一种**。

[5] 关于历史遗产差异中变异范围的某些方面，可见玛丽·R. 豪格（Marie R. Haug）：《作为社会系统分析之概念的社会和文化多元主义》，载《美国社会学季刊》，第73期（1967年11月），294～304页。作者根据一个多元主义指数所反映的语言、种族、宗教、地方主义和种族集团的异质性，对114个国家进行了分类。也参见《种族与语言的碎片化》（在136国）一文中的表415，见查尔斯·刘易斯·泰勒（Charles Lewis Taylor）与迈克尔·C. 赫德森（Michael C. Hudson）：《政治与社会指数世界手册》（康涅狄格州，纽黑文：耶鲁大学出版社，1971），271～274页。

[6] 大概没什么必要提醒读者，2001年9月11日以中东为基地的宗教纷争是如何引发恐怖分子攻击纽约世界贸易中心与五角大楼的。自杀式恐怖分子劫持了四架商用飞机，其中的三架撞击了世界贸易中心双子塔楼与美军最高司令

部五角大楼。据说，这些恐怖分子如此行为的动因是他们所感受到的犹太教徒（以色列）和基督教徒（以美国为化身）对穆斯林（特别是在以色列的巴勒斯坦人与伊拉克人民）所犯下的种种罪过。但是，我们在这里的分析，只限于民族政治体系**内部**的分裂与融合。

［7］皮提鲁姆·A. 索罗金：《社会与文化动力学》，第3卷（波士顿：D. C. 赫斯公司，1937），第14章。

［8］特德·罗伯特·古尔：《国内冲突的比较研究》，见休·戴维斯·格拉汉姆（Hugh Davis Graham）和特德·罗伯特·古尔：《美国暴力史：致暴力原因与防范全国委员会的报告》（纽约：班坦姆图书公司，1969），572～632页。也可见伊沃·K. 费伊拉本德（Ivo K. Feierabend）、罗莎琳德·费伊拉本德（Rosalind L. Feierabend）与贝蒂·A. 内斯沃尔德（Betty A. Nesvold）：《社会变迁与政治暴力：跨国模式》，载同一卷中的第632～687页。

第八章
多头制与非多头制的差异

政治体系在影响力和权力的分享与行使方面存在差异。在政治体系中，这个差异是如此重要，以至于我们要用整章的篇幅才能说清楚我们所称多头制（大致相当于“民主制”）和非多头制（大致相当于“非民主制”）之间的那些关键差异。[1]

就人民参与他们必须遵守的法律的制定而言，大众政府能比其他的政治体系提供更多的机会。在古希腊，大众政府第一次出现在公元前500年左右，人们把这类制度称为民主制（democracies）。大约同时，在罗马地域内也出现了大众政府，罗马人把他们的制度称为共和制（republic）。在这里，我们将这类制度简称为大众政府（popular government）。

在接下来的两千多年里，希腊（主要是雅典城邦）和罗马的经验一直塑造着大众政府的观念与实践。即使在希腊和罗马的大众政府的实践被非民主体制取代之后，希腊和罗马的经验也继续主导着大众政府的观念。这个经验的核心在于相信：称心合意的政府是由所有公民都有资格出席的各种公民大会来掌控的政府。[2] 出于这个或别的什么理由，大众政府必定仅限于像城邦那样小的某些体系，而这个看法也就成了差不多两千年来的一个压倒性的假定。

多头制的出现

在17、18世纪，上面的假定受到了倡导大众政府的新派别的冲击。他们坚定地认为，**代议制**（representation）是公民直接参与公民大会的一种不仅可欲而且可行的替代方案。结果，在理论和实践两个方面就发展出了一种全新的大众政府形式，它在许多重要的方面截然不同于迄今为止存在过的治理国家的所有体系，包括希腊的民主制、罗马的共和制，以及中世纪和文艺复兴时期意大利的城市共和国。这种形式有“共和国”“民主制”[3]“代议制政府”“民主共和国”“议会制”等多种称呼。这种崭新的政治体系扩展了大众政府的理论和实践，使其大大超越了城市国家的狭隘界线而达到了更广大的国家或民族政治体系的范围。我们把当今这些覆盖面广的大众政府形态称为**多头制**。

多头制的基本制度

多种政治制度的独特组合，使大众政府的现代体系历史性地焕然一新。虽然其中的某些制度在19世纪的少数政治体系中还发展得很不完善，但到20世纪它们却都获得了它们的现时形态。人们断言，那些具有非凡意义并使现代大众政府（多头制）既区别于所有早先的大众体系又区别于不论古今的其他体制的制度，总计有七项。

（1）**授予选举产生的官员以控制政府政策的最终决定权。**

这一关键制度，是某些最持久也是最坚定的民主国家在19世纪末与20世纪初的一个创造。例如，在法国，这一制度直到1871年第三共和国建立时才得以确立。在斯堪的纳维亚国家，首相和内阁依赖议会多数投票权而非由君主任命的制度出现得甚至还要晚一些：挪威在 1884 年，丹麦在 1915 年，瑞典在 1918 年。

（2）**通过惯常、公平和自由的选举来选择与和平地更换官员，在其中，暴力和胁迫要么全然没有，要么非常有限。**

现在，秘密投票被广泛假定为公正和自由选举的必备条件，但它在大众政府中的应用却相当晚。19 世纪 80 年代以前，在全国性选举中秘密投票还未被经常采用；在许多国家，直到 20 世纪早期秘密投票才得到了应用。

（3）**所有成年人都有投票的权利。**

（4）**在选举中，大多数成年人还有竞选公职的权利。**

（3）、（4）这两项制度反映了人们从理论和实践上思考民主方式的深刻变化。就在 20 世纪之前，所有民主国家与共和国都还把成年人中非常大的一部分排除在参与他们所必须遵守的法律的制定之外。在著名的雅典民主制中，妇女被排除在外；几乎没有外国人能够取得公民资格，即使他们在这个城邦中已经生活了几代人的时间并为城邦的财政和光荣尽了力；奴隶，这个人口构成中相当大的部分，也被排除在外。直到 20 世纪，占成年人口半数的妇女才在各国获得了全国选举的投票权，这其中还包括像瑞士和美国这样的世界上资格最老的“民主国家”。[4] 在美国，尽管在 1870 年通过的第十五条宪法修正案就已经禁止在投票权方面的种族歧视[5]，但在整个南部的大多数地方，直到 20 世纪 60 年代联邦政府通过和实施公民权利法案之后，黑人才实际上获得了投票权。

（5）**公民具有自由表达的权利，包括批评和反对占据政府高级职位的领导人或政党的权利；政府官员必须有效地保障此项权利的实施。**

（6）**公民具有获取信息资源的便利，并有切实的权利来获取；一国的政府或任一其他集团皆不得垄断此类资源。**

（7）**公民具有切实的权利来组成与加入政治组织，包括政党和利益集团。**

现在，当人们谈论“民主”或“一个民主国家”时，一般就是指一个存在着这七项制度的国家。然而，在 19 世纪的意义上来使用民主这个术语的也不在少数。那时，民主国家是指除了（3）、（4）两项制度（即所有或几乎所有的成年人一律具有完全的公民资格）之外，其他制度都已具备的那些国家。正如我们刚才看到的，从根本上来说，“一律”（包括普遍的公民资格）是 20 世纪的一个发展。1835 年与 1840 年，当伟大的法国作家亚历克西斯·德·托克维尔（Alexis de Tocqueville）两卷本的名著《美国的民主》出版之时，在美国和欧洲都不曾有人质疑过该书标题的适当性，尽管事实上那时的美国只有少数成年人（男性白种人）是有权利投票并从事公共事务的完全公民。

19 世纪的美国曾经对完全的公民资格严加限制，那么它**那时是**一个民主国家吗？它**现在是**一个民主国家吗？鉴于民主这个术语的含糊性和多义性，我们发现把当今具有这七项制度的政治体系称为多头制或**民主多头制**（democratic polyarchy）是有好处的，尽管我们也要因循通常的实践，把按多头制来治理的国家说成民主国家。

缺乏这七项制度中的一项或多项的那些体系，或尽管不缺乏却明显低于多头制门槛的那些体系，是历史和当下体系中的一个数量大、很重要与高分化的范畴。人们常常用独裁制、霸权制、极权制或专权制来指代当今世界的非多头制。然而，正如我们将要看到的那样，无论是哪一个单独的称谓，相对于现代世界政治体系的复杂多变而言，都只能算是一幅过于简单的画面。尽管如此，为了方便，我们还是打算把它们混合在一起并统称为非多头制（nonpolyarchies）或独裁体制（authoritarian regimes）。

多头制的成长

因为先前提到的对选举权的限制，所以在 20 世纪之前并不存在完全意义上的多头制。不过，在 19 世纪的后 50 年，除了充分完全的公民实体一项外，其他各项制度也确实在一些国家都得到了发展。自 1850 年以来，多头制（男性或全部人口有选举权）的发展或多或少还算平稳。其间，只有两个时期稍微有些衰落：一个时期是 1920—1940 年，另一个时期是 20 世纪 60 年代（见图 8－1）。[6] 然而，由于世界上的国家数量也在增加，多头制国家在国家总数中的比例到 2000 年仍然与 75 年前或更早的时候大体相当（见图 8－2）。[7]

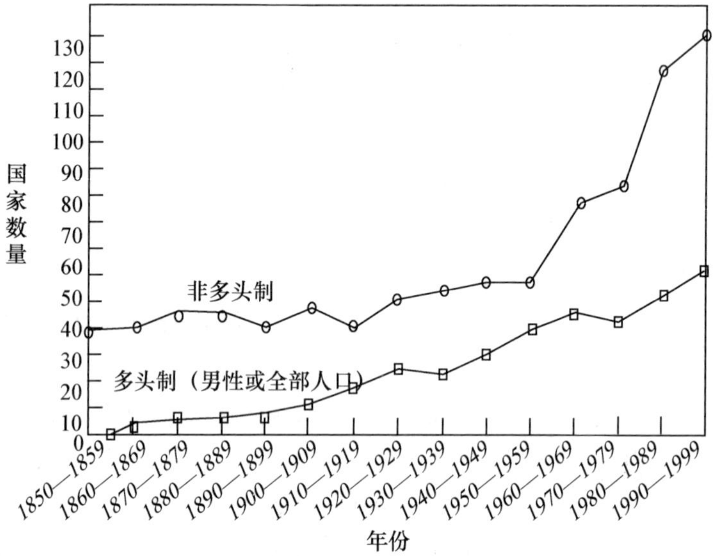

图 8－1　多头制的发展（1850—1999 年）

资料来源：塔土・凡汉恩（Tatu Vanhanen）：《民主的生成：一项对 119 个国家的比较研究，1850—1979》（赫尔辛基：芬兰科学与文学协会，1984）；迈克尔・科佩基（Michael Coppedge）与沃尔夫冈・莱茵尼克（Wolfgange Reinicke）：《对多头制的衡量》，民主衡量会议论文，斯坦福大学胡佛研究所，1988 年 5 月 27—28 日；科佩基、莱茵尼克与达尔未出版的一项研究成果；阿德里安・卡拉特尼奇（Adrian Karatnychy）主编：《世界上的自由：政治权利与公民自由年度调查，1999—2000》（纽约：自由书社，2000）。至于 1990—1999 年的数据，我们援引的是《世界上的自由》，并把平均得分为 1.0 或 1.5（以 1 为“最自由”和 7 为“最不自由”，确定出 1 到 7 的量级）的所有国家当成多头制，而把平均得分更高的国家当成非多头制。因为本图采用了不同时期的不同资源，所以我们意识到这里所用的数据并非总能与曲线所显示的整个 150 年都一一对应起来。但我们确信，曲线所展示的总体模式是有效的。

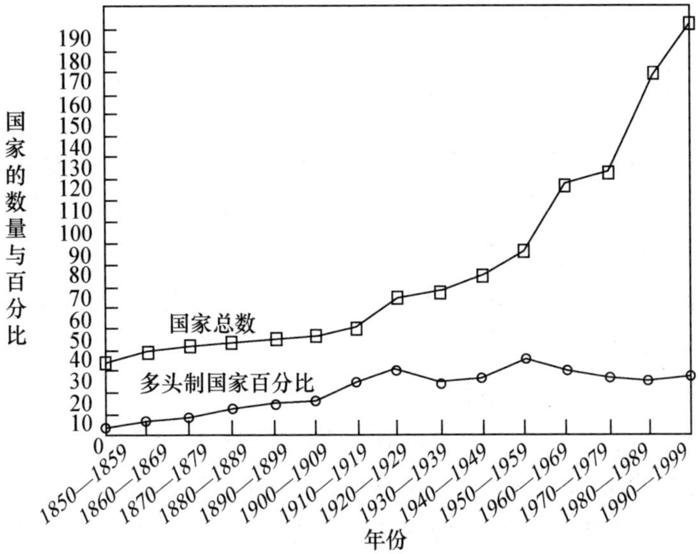

图 8－2　多头制国家占全部国家的百分比（1850—1999 年）

资料来源：见图 8－1。

多头制与非多头制的更多差异

多头制与非多头制的区分不仅仅在于前面描述的七项制度。那些一国的政府形式为民主多头制的国家，在某些重要的方面也极有可能不同于以非多头制为统治形式的国家。

公民权利与自由

我们关于多头政治的七项制度构成了一张范围广泛的基本权利网络。这些基本政治权利涵盖了与选择和运作一个国家的政府有关的影响力分配问题。其中的多项权利是多头制七项制度不可分割的组成部分，包括：自由与公平的投票权利，反对政府官员及其政策的权利，组成政党、利益集团和其他社团的权利，等等。况且，在那些多头政治制度持续了很长时间的国家，人们还可能共享着足以支撑其他许多权利和自由的政治态度与信仰。这些附加的权利和自由，远远超越了使多头政治各项制度发挥作用的严格需要，它们还常常包括：宗教自由；一套使对嫌疑犯的有罪判决变得多少有些困难的保障性程序（在美国被称为“正当司法程序”，在英国及其许多前殖民地被称为“自然正义程序”）；适用于避孕、堕胎、成年人间彼此同意的性关系以及成年人接触色情资料等领域的隐私权（也即免于政府干涉的权利）。在多头制下，这些附加的公民权利和公民自由一项也得不到保障的情况几乎是没有的；而在极权制政治体系下，它们却很可能得不到多少保护，这与典型多头制下全面与综合的保护根本就无法相提并论。

多元主义：自主对控制

与非多头制相比，多头制中的个人和次体系相对政府较为自主。当然，这些差异肯定只有部分是真实的。实际上，我们所指的多头制，是一种对个人和组织的自主权有相对较高的宽容度的体系。参与和反对政府的自由，作为多头制的标志之一，取决于一个国家对个人和组织的自主权的宽容甚至保护。

因为有这些自由，多头制下就存在着数不清的种种组织，如私人俱乐部、文化组织、压力集团、政党、工会，等等。这些组织大都积极谋求对政府的影响。更多的组织，当其成员意识到其重大的利益受到威胁时，就可以被动员起来。存在着大量相对自主的团体和组织的政治体系，就是人们常说的**多元主义**（pluralist）体系。

与之相反，自主权的发展会威胁到一个极权制政治体系的性质及其领导人的权力。在这种体系下，自主的组织显得尤其危险，因此，这样的组织必须被置于政府的控制之下。可见，与多头制相比，极权制体系的多元成分更少或**一元**成分更多。在极端的情况下，极权主义的领导人一直在努力确保每个人和每个组织都是无所不包的等级控制体系的一个组成部分。这个极限，虽然在实践中从未达到过，但非常接近它的时候还是有的。希特勒统治下的德国就是如此。正是基于这个理由，才有了我们早就看到过（第一章）的新名称——极权制——一个专门为这些体制而创造的术语。

说服对强制

与非多头制相反，在多头制下，政府领导人较多地依靠说服，较少地依靠强制。[8] 在多头制下，某些强制形式被断然排除在外或被缩减至最低限度。例如，一个监禁反对党领导人或取消批评性报纸的政权绝不是多头制。一个多头制理应为其人民提供参与选择或反对政治领导人的权利。一个完备的多头制还应该把这些权利扩大到几乎所有的成年人。

这些差异，尽管只是从定义上区分了多头制与非多头制，却并未降低这些差异的重要性，因为它们反映的是现实政治体系的实际差异。而且，体现在如何平衡说服与强制上的差异，是政治制度本身差异的一个实际后果。与没有自由的集团相比，一个在参与政府领导人选择方面有切实自由的集团，在冲突中被强制的可能性就比较小；而如果这个集团人数众多，足以形成多数，就更不可能受到强制。只要大众政府的制度完好无损，强制大多数人口的任何企图就都断然不会成功，因为受到强制的大多数人口可以径直地在下次选举中投票反对当权者，并以更具回应性的官员来取代他们。鉴于这一情况，多头制中的政客们几乎都不会愚蠢到去支持一项直接与大多数人作对的法律；如果他们忽视主流民意，就很可能要付出高昂的代价。当然，由于法律几乎难以得到全体一致的赞同，在任何制度下都有一些人可能会受到法律的强制，并因而丧失某些既有的机会、特权或权利。但是，如果说就连那些参与决策的人有时也会受到政策结果的牵连而受苦的话，那么，那些根本无法参与决策的人们岂不更有可能遭殃？如果在 1787 年美国黑人就拥有与白人一样的政治参与权，那么当年的美国宪法就不大可能允许奴隶制的存在。然而，为了维持白人对已经在内战中获得正式解放的奴隶的优越地位，美国南方黑人刚刚获得的参与选举的正式权利还是被剥夺了。

在多头制下，即使一个数量可观的人群并不构成大多数，通常也是不容易被人强制的。大量的强制，对任何政治体系都会造成一定的损害；而大众政府发现那样做更是难上加难。如果政府要避免大规模的公民不服从甚或内战，它就得对一个为数众多的少数派实行强制；而要实施强制，它就需要拥有一系列令人望而生畏的强制力量，它们包括：一个权力集中与纪律严明的警察体系；一支秘密警察队伍；一个温顺的司法机关；一整套只要政府命令对大量的公民同胞实施强制，就能随时履行“职责”，听从指挥的军事与官僚机构；一整套允许政府动用这些力量的法律、原则与惯例。

政府掌握的强制手段如此令人难以忘怀，这对那些肆无忌惮的领导人来说永远是一种诱惑，而对所有的反对派却是一种经常存在的危险。虽然可以相信一个大众政府偶尔对人口中的某个大一点的部分实施强制后依然可以生存，但它实施强制的次数越多，它得以幸存的机会就越少。美国南方曾在 19 世纪最后 25 年恢复了对黑人的广泛强制，于是在那里就出现了一种双重政治体系。这是一种白人可以参与而黑人不能参与的部分的、仅限于白人的多头制，即“准多头制”。

相互控制对单边控制

如我们早该明白的那样，反对和参与的切实权利在多头制中的分布，要比在非多头制中更为广泛。由此类推，个人和集体相对于政府的自主权就更多；政治领导人以强制来对抗批评者和反对派的机会就更为有限；人们就更乐意采取说服而非强制来作为发挥影响力的形式；领导人也就更可能卷入与政治体系中的公民同伴相互影响的网络之中。在多头制中，政府政策更有可能通过谈判和讨价还价来达成；相反，在极权体制中，领导人的影响力更为单边，因而政策也就更有可能取决于等级制和命令。

通往现在的道路

每个国家通往现在的道路都是独特的，因此，每个国家在产生多头制与和平调节的机会方面的既有条件也就各不相同。

在一些国家，暴力革命（特别是争取民族独立的革命战争）曾有助于民族的统一；而在另一些国家，革命却留下了岁月无法抹平的裂痕。试比较一下美国革命与 1921 年建立的爱尔兰自由邦（即后来的爱尔兰共和国）的结果。在这两个事例中，反对英国的暴力斗争都导致了独立。然而，美国革命（1776—1781 年）这一反对英国的武装斗争，使得从英国来的大批殖民者退出，并使居民中广泛享有的民主意识形态传播开来。这一意识形态不仅有助于统一神话的发育，也几乎没有在美国人中留下什么分裂的伤痕。但是，在爱尔兰，1921 年的和平协议继续使信奉新教的北爱尔兰成为联合王国不可分割的一部分，结果立即引发了新爱尔兰自由邦政府与爱尔兰共和军（I. R. A.）之间的剧烈冲突。而且，由于爱尔兰共和军得到少数天主教徒的狂热支持，北爱尔兰的新教爱尔兰人和天主教爱尔兰人之间就出现了连绵不断的流血冲突。

从一个不同的角度看，有些国家享有数百年的民族独立。在这个过程中，它们的公民得以积累政治参与经验，发展他们的制度，形成对国家的忠诚，消弭文化的裂痕，并找出调停冲突的办法。但是，有些国家是在经历几十年甚或几百年的外国政府统治（即殖民统治）之后才获得独立的。这些国家是新国家，其公民仍然需要时间来熟悉新的民族认同，或许还会经历政治混乱的时代。公开或潜在冲突的折磨，或许会使这样的人成为这些国家的领袖——这些人认为：民主不过是一种消受不起的奢侈品；要维护他们的地位、处理冲突并保持国家制度的完整，就得倚重强迫和暴力。

* * * * *

我们已经确定了多头制的七项基本制度，讨论了多头制在世界上的发展，而且指出了多头制与非多头制之间更具体的差异。现在要提出一个更深入的问题：促使多头制产生的因素是什么，或者阻碍它的因素究竟为何物？问题的答案并非限于抽象的兴致，因为我们在本章描述的多头制与非多头制之间的差异是那么重要。在下一章，我们将解释多头制为什么出现于一些国家而非另一些国家。

注　释

[1]“多头制”（polyarchy）这个词来源于希腊文，意思是“许多”与“统治”。因此，这个术语的大概含义是“由许多人来统治”。与此相对的词有：“君主制”（monarchy），即“由一个人来统治”；“寡头制”（oligarchy），即“由少数几个人来统治”。见本书表 7-1 亚里士多德的政治体系分类。关于这个术语的进一步阐释，可见罗伯特·A. 达尔：《就词论词》，见《论民主》（康涅狄格州，纽黑文：耶鲁大学出版社，1998），90～91 页。

对本章所讨论问题的扩展性论述，可见罗伯特·A. 达尔：《民主与对民主的批评》（康涅狄格州，纽黑文：耶鲁大学出版社，1989），特别是该书第 16 章和第 17 章。

［2］当罗马共和国超越了它发源的城市而扩张到整个意大利及以外的地区并授予其属民以公民资格后，参加在罗马举行的公民大会的公民比例就越来越小了。与会者要么居住在罗马附近，要么是那些有财力、有时间、有需要到罗马的人。因此，公民直接参与法律的制定，就成了一个与最初的观念和实践相背离的笑柄。即便如此，罗马人也从来没有以代议制政府来作为一种替代。

［3］一些人争辩说，在18世纪“民主”意味着直接的或议会制的政府，而“共和”指的却是代议制的政府。他们所援引的权威通常就是詹姆斯·麦迪逊（James Madison），他在一篇捍卫拟议中的美国新宪法的著名论文中对“纯粹民主”和“共和”作了同样的区分。见亚历山大·汉弥尔顿（Alexander Hamilton）、约翰·杰伊（John Jay）与詹姆斯·麦迪逊：《联邦党人文集》（纽约：现代图书馆，藏本），58～59页。然而，对18世纪美国政治措辞的考察显示，这两个词经常被同一使用者在同一语句中互换使用。见威利·保尔·亚当斯（Willi Paul Adams）：《美国第一宪法，革命时代的共和意识形态与国家宪法的制定》，里塔（Rita）与罗伯特·克贝尔（Robert Kimber）译本（北加州，坎珀尔山：北加州大学出版社，1980），第四章，“政治措辞中的‘共和’与‘民主’”，99～117页。也可见达尔：《就词论词》，见《论民主》，16～17页。

［4］在上列七项制度都连续存在（自1950年以来）的国度中，妇女在1910—1930年间就已象征性地获得了选举权。在美国，随着第十九条宪法修正案的通过，妇女于1920年取得了全国选举的投票权；在法国和比利时，妇女在第二次世界大战之前还一直被排除在选举之外；而在瑞士，妇女直到1971年全国选举时才取得了投票的宪法权利。

［5］这一法案是随着内战的结束而被通过的。这个修正案写道：“美国公民的投票权不容合众国或任何的州以种族、肤色或先前的奴隶状况为由而予以否定和剥夺。”

［6］我们应该注意，在图8-1和图8-2中，在男性普遍获得选举权之前，如果一个国家在全国性选举中实际投票的人数占到了总人口的至少10%，那么，这个国家就被当成一个男性的或限制选举权的多头制国家。这是塔土·凡汉恩在《民主的生成：一项对119个国家的比较研究，1850—1979》（赫尔辛基：芬兰科学与文学协会，1984）中所使用的关于民主生成的两个门槛之一。凡汉恩的另一个门槛标记为“当小一些的政党所占的份额至少达到30%时”（第33页）。

［7］我们大概可以预见，国家总数的增加在未来的几十年会大大地放慢。

20 世纪 90 年代国家数量的最大增长是苏联由 1 个国家解体为 15 个国家引起的。这样的事件在可以预见的将来不大可能再度发生。再者，在 21 世纪，残留的殖民地也更少了。在过去，特别是 1960—1990 年间，殖民地是新独立国家的主要来源。

[8] 虽然戴维·阿普特（David Apter）所采用的政治体系分类不同，但他表述了类似的观点，见《选择与分配的政治》（康涅狄格州，纽黑文：耶鲁大学出版社，1971），32～33 页，以及书中各处。

第九章
对多头制与非多头制的解释

在 20 世纪 80 年代，世界上大约有 170 个国家，其中民主国家的数量是 51 个（约占 30%）。到 1999 年为止，如图 8-2 所示，在 190 个国家中大约有 31%够得上多头制的称谓。大约 1/3 的民族政治体系形成和保持了多头制的制度，而其他体系则没有，那么我们能够对这个事实的成因说些什么呢？

对于现代政治分析中的这个核心问题的任何完整的答案，都必将是冗长和复杂的，会涉及许许多多的因素。在这里，我们将把我们的答案整理成五个要点：(1) 多头制的一个必要条件是将军事和警察力量置于选举产生的管理者的掌控之下；(2) 一种支持性的政治文化对于多头制的制度在一个政治体系中的持续发展是必不可少的；(3) 那些现代、动态、多元（MDP）的社会远比其他的社会更有可能维持多头制的体系；(4) 一个社会中**亚文化**（subculture）的存在与历史会影响到多头制的存活；(5) 来自外国的干涉或压力能影响一个民族政治体系是否成为多头制。

这五个要点都需要阐述和解释，我们在这一章中也将致力于此。[1] 我们的讨论假定人们已熟知第八章所描述的多头制的七项制度，因此读者或许会发现重读那七项制度将有助于理解下面的内容。

武装力量的从属地位

在第三章，我们使属于国家的政府（the government of the state）区分于其他的治理机构（other governments），所依据的标准是：当政府在一个特定的领土范围内进行统治时，它是否成功地保持了它所宣称的对合法使用暴力的排他性控制。所有的国家都使用暴力和强制，对内用于实施法律和政策，对外常用于处理其与别的国家的关系。一个国家典型与特殊的能力就在于它的暴力工具，特别是它的军事和警察（包括秘密警察）组织。

那么，怎样防止领导人动用强制或暴力来干预、妨害或推翻多头制的制度，或者建立和维护极权体制呢？在整个历史上，他们都曾有过如此的行为；而且在许多民族政治体系中，他们还在继续如此行为。然而，在别的政治体系中领导人却并无如此行为。[2]

来看一看 2000 年的美国总统选举吧。一场围绕总统候选人乔治·W. 布什和艾伯特·戈尔（Al Gore）究竟谁应该得到佛罗里达关键性的选举团选票的大吵大闹，持续了五周之久。争议的双方连篇累牍地发起了媒体攻势，并接二连三地启动了法庭程序。在争吵期间，各县的检票委员会、佛罗里达州的立法机关与佛罗里达的州务卿都采取了正式的与有争议的行动。美国国会的成员发布了公开声明并为可能的公开介入做了准备。最后，一项由美国最高法院做出的裁决判定布什获胜，他因此于 2001 年 1 月就任美国第四十三任总统。①

在整个争议过程中的任何片刻，我们都没有听到过要由军队或警察来介入和决定谁将是美国下一任总统的任何建议。在美国和别的根深蒂固的多头制国家，如英国、加拿大、新西兰、挪威以及荷兰，军队或警

① 原文此处为美国第四十四任总统，怀疑作者记错，实际为美国第四十三任总统。——译者注

察介入的前景完全是不可思议的。自然，在刚提到的这些国家以及世界上的其他大多数国家中，军队与大概为数不少的警察还是有足够多的手段，以有利于他们的方式来安排暴力和强制力的运用。不过，在牢固、稳定的多头制中，他们简直就不能这样做。

你不妨回忆一下，多头制所需要的第一项制度是由选举产生的官员控制重大的政府政策；第二项制度是自由、公开的选举，在其中，强制要么根本没有，要么相当有限。一个国家若要按多头制进行治理，那么：（1）军事和警察组织必须被置于文职人员的控制之下，并且不得威胁选举的公正或威胁到政府政策的控制——确切地讲，政策必须取决于在多头制国家中领导政府的文职官员；（2）掌控着军队和警察的文职人员本身也必须被置于多头制的种种制度的控制之下，其中最显著的制度就是“常规、公正与自由的选举”。

如果军事机构微弱或根本不存在，就不用为第一项要求担心了。在19世纪，不少国家的多头制形成时期的情形就是这样。例如，美国在其民族生成的第一个150年里的和平时期，就只保留了一个小得可怜的军事机构。在极其罕见的情形下，军事机构甚至根本就不可能存在。1948—1949年，哥斯达黎加政府是在军队的援助下上台掌权的，但之后不久它就径直把军队给解散了。20世纪30年代日本的军队已经成为强有力的政治行动者，然而1947年的日本宪法却宣布日本永远不保有陆军、海军、空军，虽然国民“警察保留”以及随之而来的“自卫队”等后续事态发展削弱了这条规定，但该规定效果却是防止军队在新的多头制下重新崛起成为一个重要的政治行动者。[3]

但是，大多数国家的确具有相当重要的军事建制。1987年世界各国的平均军费开支占国民生产总值的5.2%，10年后这个数字缩减为2.6%。尽管在苏联解体和冷战结束之后军费开支下降了，但1997年世界各国仍然在它们的军队身上花费了大约8 420亿美元，并保持了每1 000人中有3.8个军事人员的平均水平。[4] 正如我们已经提到的，大多数国家都拥有足以在一场涉及暴力和强制的全面冲突中压倒平民的强大军事建制。确实，在1958—1973年的15年间，每三个国家中就有一个以上国家的政府在军队介入下发生过政变。[5]

在某些国家，特别是多头制国家，如何制止军队摆脱文职领导人的控制从而接管政府呢？有时，军队职业化对此会有些帮助，因为它可以创造和保持对于政权的如此信仰，即：这个政权是军队应该忠诚和服从的对象；对这个政权，军队有义不容辞的责任。然而，职业化并不能确保文官的控制，更不能保证民主控制，因为职业化也可以在职业军人和文官之间造成一道深刻的社会与心理的鸿沟，以至于使军队成为一个隔绝于公民社会的独特的分离集团。而且，如果职业军人认为文职领导人威胁到了军事机构，他们还可能会抵制文官的控制或全然不理这一套。再者，如果他们认为文职领导人危害了政治体系的稳定、健康或存在，或者危害了他们觉得有义务加以捍卫的价值，如社会秩序、经济制度、宗教信仰、国家独立，那么他们也会拒绝文官的掌控。[6]

是的，多头制的一个必要条件就是文官的控制，不过我们还得注意先前谈到的第二个条件的含义：仅有文官的控制显然是不够的。毕竟，许多极权制政权的统治者，就是使用军队或警察（或军警全用）来镇压反抗的文职领袖。显然，其他因素也会影响到一个民族政治体系是不是多头制。其中的一个，已远远超出了军事在政治中的适当作用的考虑范围，那就是一个政治体系的人民所坚持的观念、态度和信仰体系。

支持性的政治文化

政治学家使用**政治文化**（political culture）这个术语来表示：由一个国家的人民或某些别的可以确定的与相对较大的政治性集团所共同坚持的关于政治的观念、信仰、态度和一贯倾向。对于多头制为什么在一些国家存在而在别的国家却不能存在的任何有说服力的解释，都不能忽略政治文化所发挥的核心作用。的确，正如我们在讨论多头制需要把军事和警察力量置于选举产生的管理者的掌控之卜时已经指出的那样，在军队干预政府政策制定和政府领导人选择的适当性上的信念差异，就是解释为什么在一些国家武装力量要破坏多头制而在别的国家它们却并不这样做的一个关键要素。

据信，领导人或潜在的领导人、高级别的文官和军官以及公民不那么热衷于政治，有助于解释为什么有的政治体系能够保持多头制而别的政治体系却不能。正如本书的作者之一（达尔）在别的地方所写的那样：

> 我们支持三个命题〔关于政治文化与多头制的关系〕的证据如下。第一，在积极分子（与其他人）对多头制之合法性的信奉程度上，各国的差别非常大。第二，这些差别在一定程度上独立于一个国家的社会和经济特征：两个在社会和经济秩序方面具有大量相似性的国家，在积极分子（与其他人）对多头制之合法性的信奉程度上则可能有显著的差别。第三，在一个国家中，人们对多头制制度之合法性的信奉程度越高，多头制的机会就越大。[7]

我们说：一种对多头制的支持性文化是有的国家是多头制而有的国家不是的一个重要因素；也就是说：人们（特别是政治上积极的人们）对于他们的政治体系应该如何运转的**信仰**确实会影响到他们的政治体系是否采取多头制。让我们再回头看一看美国 2000 年的总统选举争议。假如比尔·克林顿（Bill Clinton）总统决定：由于不能确定究竟是布什还是戈尔赢得了佛罗里达州的选举，就由他自己继续当总统，那么，美国人（无论在政治上是否积极）肯定都会被吓坏了，也会强烈反对他继续当下去。再者，克林顿总统虽然有各种广为人知的癖好和短处，但因此就说他本人会欣赏这样的想法，这看上去也是令人难以置信的。换言之，美国的政治文化就是这样的：不仅通过军事干预来决定 2000 年总统选举结果是不可想象的，并因而是败局难逃的（正如我们已经提到过的），而且克林顿总统超越宪法规定之任期极限，从而留住职位的任何企图，也根本不在任何可能的范围之内。[8] 如我们已经说过的，关于政治的信念确实左右着政治是如何被实施的，因而普遍传播的支持多头制的信念是维持多头政治体系的一个必不可少的重要因素。[9]

下面，我们将要考虑的另一个因素，主要是经济的。它有助于解释为什么有的政治体系是多头制，而有的却不是。在思考这个问题的过程中，我们将指明这个因素（第三个因素）与我们刚才讨论过的政治文化因素之间的关联。

现代动态多元的社会

从历史上看，多头制向来与一个社会中的许多相互关联的特征有紧密的关系：相对较高的收入和人均财富水平；长期的经济增长；城市化；小规模的、数量不断下降的农业人口；识字率；教育的普及程度；多种相对独立的组织，如商号、工会、教堂等；高水平的常规福利指标，如婴儿死亡率低、预期寿命值高等。

人们把这样的社会称为自由的、资本主义的、资产阶级的、中产阶级的、商业的、工业的、先进工业的（与后工业的）、现代的（与后现代的）、竞争的、市场导向的、开放的，诸如此类。从福利和收入、消费、教育、城市化与其他指标都处于历史上的高水平这个角度看，它们是**现代的**；单纯从经济增长率与生活水准的提高来看，它们是**动态的**；由于存在许多相对独立的集团、社团、组织以及其他单位，它们又是**多元的**。这样，我们或许可以把它们称呼为**现代动态多元的社会**（modern dynamic pluralist societies），或简称为 MDP 社会。

为了开始 MDP 社会如何有利于多头制的探讨，先根据世界各国具有多头制七项制度的充分程度来对它们进行排序是很有帮助的。在图 9-1 中，我们根据一套不那么严格的“多头制指数”对 192 个国家进行了分类。这一指数对国家的排序从 2（多头制成分最高）开始直到 14（多头制成分最低），其基本依据是一项对 1999—2000 年间 192 个国家状况的辛勤调查。在有些民族政治体系中，多头制的制度（我们在第八章界定的）运行得相对充分与连贯，因此它们得到的是一个不能再低的指数分：2分。美国、澳大利亚、挪威、爱尔兰、加拿大、奥地利、巴哈马、瑞士，以及其他19个这样的政治体系，都属于这一组别。在另一个极端，是多头制成分最低的国家，如阿富汗、伊拉克、朝鲜、利比亚、沙特阿拉伯和缅甸，其指数分是不能再高的14分。7分和8分这一段，大致在多头制成分最高与多头制成分最低这两个极端的中间，分布着巴西、尼日利亚、斯里兰卡、哥伦比亚、印度尼西亚与委内瑞拉这样的国家。

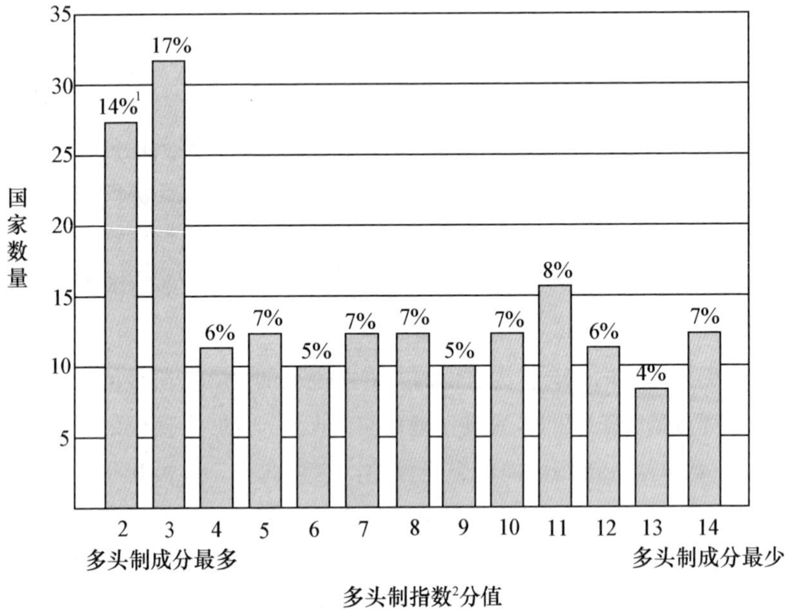

图9-1　192国的多头制程度（1999—2000年）

资料来源：阿德里安·卡拉特尼奇主编：《世界上的自由：政治权利与公民自由年度调查，1999—2000》(纽约：自由书社，2000)。根据该卷所提供的数据，我们计算出了每个国家的多头制指数。至于详情，请看注解2。

1. 百分比是全体国家的百分比，与总的百分比极其接近。

2. 通过把《世界上的自由：政治权利与公民自由年度调查，1999—2000》一书中的每个国家的“政治权利”数据与“公民自由”数据相加，我们计算出了“多头制指数”。在数据源中，作者给每个国家的“政治权利”以1到7的分数，又给“公民自由”以1到7的分数。其中，1是表示最自由或最民主的分数，7是表示最不自由或最不民主的分数。于是，在我们的“多头制指数”中，最低的分数（代表最民主）是2（1+1），而最高分是14（7+7）。我们愿意提醒读者，不要对我们的指数的准确性持一种毫无保留的信心。它顶多可以被看成对政治体系中现存多头制发展程度的一个大概的指南，而不是对它的一个确切无误的量度。对于《世界上的自由》一书如何给出1到7的分数的详尽论述，请参见《对自由的比较调查——1999—2000年的调查方法论》，在该书的582～589页。

如图 9－1 所清楚显示的那样，在 2000 年各民族政治体系呈现出的多头制程度的差别是巨大的。除了在我们看来是高度多头制的、得分在 2 分和 3 分的一些国家非常集中之外，世界上 192 个国家之间的得分从头到尾都分布得相当平衡。

假定世界上各民族政治体系在多头制上的差异就是这样，那么下一步就是要看这种差异与人均国民生产总值的关系。人均国民生产总值是衡量一个社会如何现代、动态与多元的一个方便却并不太完美的指标。如果“MDP 社会能促进多头制存在”这句话是正确的，那么我们就应该来看一看国家的多头制得分与其人均国民生产总值之间的关联。图 9－2 使用与图 9－1 相同的多头制指数，并把国家分成了高收入、中高收入、中低收入与低收入这样几个范畴。我们看到，人均收入高的国家

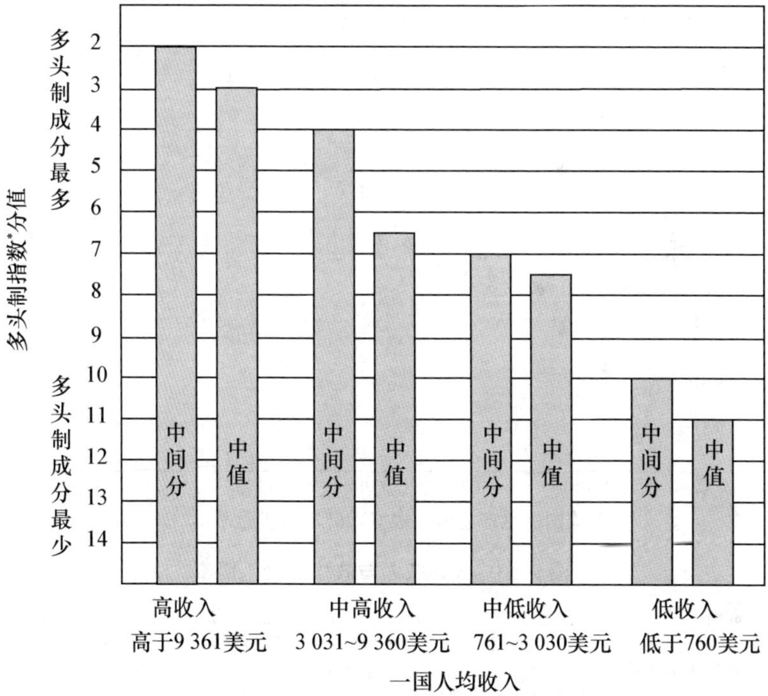

图 9－2　190 国的人均收入（1998 年）与多头制程度（1999—2000 年）

资料来源：关于人均收入（1998 年），见《2000 年世界发展指数》（哥伦比亚特区，华盛顿：世界银行，2000），内置扉页以及 10～12 页；关于多头制程度（1999—2000 年），见图 9－1 的资料来源。在那里还为本图计算出了多头制指数的中值与中间分。

＊见图 9－1 的注解 2 对“多头制指数”的说明。

确实要比那些收入较低的国家更有可能得到反映多头制更高程度的分数。的确，在每一个收入水平上，各个国家的多头制指数的中值与中间分也发生着相应的变化。高收入社会，作为一个组别，被断定为多头制成分更高的社会。也就是说，它们有比中高收入社会更低的中值和中间分。相应地，中高收入社会比中低收入社会有更高的多头制成分；低收入社会则是所有社会中多头制成分最低的。图 9－2 的数据支持这样一个命题，即当一个民族政治体系深嵌于一个 MDP 社会时，该体系就更有可能是多头制的。

图 9－3 显示，我们所见到的 2000 年的那种关系也存在于更早的那些年份。我们根据亚当・普热沃斯基（Adam Przeworski）与另外三位社会学家辛勤收集和计算出的数据绘制了一条曲线，由此我们可以看到：

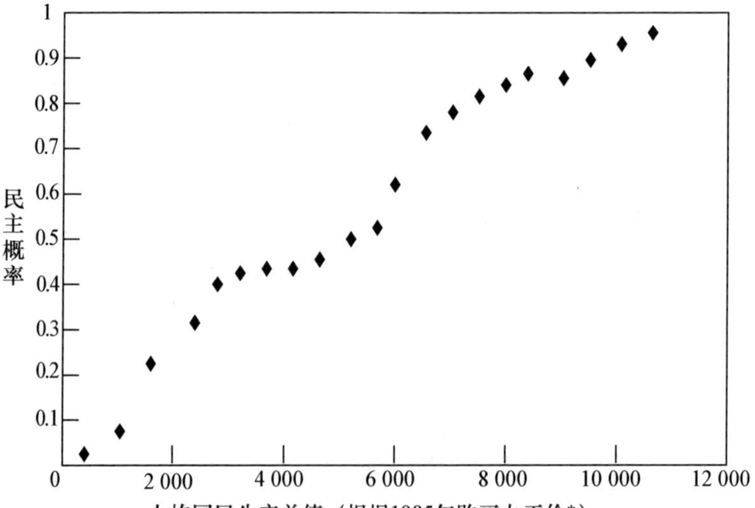

图 9－3　人均收入与政权的民主概率

资料来源：亚当・普热沃斯基、迈克尔・E. 沃维热兹、约瑟・安东尼奥・切巴布与费尔南多・里蒙基：《民主与发展：世界上的政治制度与福利，1950—1990》（英国，剑桥：剑桥大学出版社，2000）。见普热沃斯基等的书中 80 页的图 2－1 所列数字，以及他们对在 1950—1990 年间获得完全或部分独立的 141 个国家的处理。此次重印，获得了剑桥大学出版社的版权许可。

*在购买力平价（PPP）汇率下，“一个国际美元相对其国内 GNP 的购买力与一个美国美元相对美国国内 GNP 的购买力相同。PPP 汇率使国家之间真实价格水平的标准比较成为了可能……”见《世界发展报告 2000/2001：向贫困进攻》（英国，牛津：牛津大学出版社，2001），318 页。

在1950年与1990年之间的40年里，多头制与人均收入之间存在过一种类似我们在1999—2000年所见到的那种关系。[10] 尽管普热沃斯基及其伙伴使用的研究方法不同于我们在图9-1[11] 所使用的，但他们研究1950—1990年的发现与我们研究2000年的发现却都明白无误地表明：一个社会的人均年收入越高（因而就更可能存在MDP社会的关键要素），这个社会就越可能支持一种功能健全的多头制。

那么，如何解释这种关系呢？MDP社会具有太多有利于多头制的特征，聚焦于其中的某一个特征并将其当成主要的因素或原因肯定是个错误。然而，在有利于多头制的多重特征中，最重要的总体特征或许是这样两个：（1）一个MDP社会能把影响力、权力与权威从任何单一的中心分散到各式各样的个人、集团、社团与组织；（2）它能促进有利于民主观念的态度和信仰，或者培育一种有利于多头制的支持性的政治文化（我们在本章前面已提到过）。

当一个极权的或非多头制的国家获得MDP社会的特征之时，这个社会也会产生内部压力——社会的、经济的、文化的、心理的与政治的压力，这是因为它引入和强化着种种权利、自由与机会，包括：从非政府渠道寻求信息；表达自己的信仰；组织独立的政治、文化、社会与经济运动；参与有关高级政府官员之自由和公平的选举。对于领导集团而言，镇压变化导向的运动不仅已变得越来越困难，而且其代价也越来越大。极权政治体系与新兴的社会特征之间，已经出现了脱节的现象。

到20世纪80年代，苏联与东欧国家呈现出MDP社会的许多特征。于是，在它们高度集权的政治体系与它们初生的MDP社会所引发的压力之间，出现了深刻的裂痕。在波兰和匈牙利，对信息、表达与组织的限制已经比苏联要少。当戈尔巴乔夫在苏联确立领导地位并提出了一项在政府实践中要有更大开放与更多民主的计划之时，潜藏已久的并且长期受压制的种种力量突然涌进了公共视阈，苏联的政治体系也就开始越发向着多头制靠拢。

在完全的多头制与高度发达的MDP社会之间有一种很强的联系，这一点几乎是没有疑问的。但是，如果这个解释在此前单独列举的

MDP社会的两个特征（影响力分散与支持性的政治文化）中也能够找到的话，就有了下一个推论：如果一个社会虽然缺乏成套的MDP要素，却展现出那两个特征，那么这个社会也就是一个有利于多头制的社会。至迟从1950年以来，在21个民族政治体系[12] 中的好些个就已经存在多头制的种种制度。但是，当这些制度在世界上更老与更稳定的多头制国家扎下根并开始成长之时，那些地方却还没有出现MDP社会。例如，美国曾经是一个彻头彻尾的农业国。如果我们只依据人均收入或只考虑经济增长率，那么，我们就会得出结论：美国最不可能是多头制的。但是，美国的农业社会确实具有这两个关键特征，至少在男性白人中是这样：权力和影响力广泛地分散在男性白人中间，并且在他们之中孕育出了有利于民主的信仰。虽然像19世纪的加拿大、澳大利亚、新西兰、挪威、瑞典、瑞士与美国那样的农业社会已不可能再现，但它们却足以提醒我们：MDP社会并不是多头制的不二要求。

看起来，人均年收入与多头制之间的联系是非常强的，但以上两个方向的变异却告诉我们：其他的因素必定也在发挥作用。早些时候，我们考察了其中的两个因素：军队和警察对于选举产生的文官的从属地位与政治文化对民主的支持性。现在，我们有必要考虑下一个因素，即亚文化影响政治体系的方式与它们为多头制提供的机会。

亚文化

并非所有人都生活在一种可以分享相同的价值并具有相应的行动、互动与“归属”方式的状态之中。宽泛地讲，这种状态适合以**文化**这一被普遍接受却含糊不清的单一概念来表示。如我们在第七章所见到的，各种政治体系都因过去的遗产差异而各不相同。它们的过去，在宗教、种族集团、人种和语言中遗留下了亚文化的差异，也遗留下了人们以往处理这些差异的回忆。[13] 这两个因素都很重要。一个国家的意见一致的水平，因而促成和平调节和多头制的机会，既受文化上的一致水平与亚文化差异的影响，又受以往处理亚文化差异之方式的影响。亚文化差异的遗产，能放大一个政治体系内部激烈冲突乃至暴力冲突的潜力。新西兰、瑞典、挪威和冰岛在文化上相当同质，也就是说它们的人民分享共同文化的程度最高。这一事实有助于解释它们相对较低的冲突水平。相反，印度难以数计的亚文化大大提高了它的冲突水平。因而，毫不奇怪，多头制在文化同质的国家中要比在具有大量亚文化裂隙的国家中普遍得多。

但是，各国处理（包括以往处理）亚文化差异的方式也有助于解释一致与冲突的水平，并进而有助于解释它们建立和维系多头制各种制度的机遇。例如，如果说比利时的冲突水平比瑞士高，那么，许多解释都可以从这样的事实中找到：瑞士虽然有四个语言集团、两种宗教和民众对州的强烈忠诚，却能设法避免其亚文化之间的严重歧视；形成对照的是，比利时仍然遭受几百年来瓦隆人歧视弗拉芒人所造成的伤痛。在避免一个多宗教、多种族的民族中的冲突方面，美国虽然相对成功，但它在歧视非洲裔居民（无论是奴隶还是公民）上的记录却超过了其他任何多头制国家。这一歧视的遗产，是 20 世纪 60 年代波及整个美国的非洲裔美国人争取权利和机会的某些暴力冲突的一个直接原因；而且，对世世代代歧视的记忆也不可避免地延续到了 21 世纪。遗留到新世纪的还有许多美国白人的强烈不满——对政府与社会中的其他行动者针对美国历史上对非洲裔美国人与其他少数族群的长期歧视而采取的在他们看来是“反向歧视”的极端形式的不满。

在比利时和美国，尽管存在歧视某些亚文化成员的历史，而且对这种历史的强烈情感也潜藏不去，多头制却都延续了下来。即便如此，如果没有这些歧视亚文化成员的历史，多头制在这两个政治体系中会表现得更为完美、更为理想。此外，我们还不应该忘记诸如黎巴嫩、塞拉利昂与尼日利亚那样的民族政治体系，在那里，难以和解的亚文化分歧已经在一个很长的时期内严重地破坏甚或挫败了多头制的一些实践。

外部的干预

即使看上去种种内部的因素——军队和警察从属于文职统治者、政治文化、MDP 社会概念所归纳的特征以及亚文化的性质与对待方式——都能推动多头制在一个政治体系中的发展，但一个强大邻国的干预有时候也能阻止多头制的出现或者继续发展。如果相反，那么这样的外部干预就能促进多头制在一个社会中的发展，虽然那个社会对多头制并不完全适应。在历史上，这两种外部干预的事例都很丰富。

在冷战期间，苏联对诸如捷克斯洛伐克、波兰与匈牙利等东欧国家的影响肯定阻碍了这些国家发展多头制的各项制度，尽管其他因素似乎为多头制的出现准备了沃土。相似地，美国对某些拉丁美洲国家的干涉（例如，20 世纪 70 年代早期对智利的干涉、20 世纪 50 年代对危地马拉的干涉）也阻碍了那些国家多头制的成长。[14] 作为对照，人们可能争辩说，英国对印度、巴哈马和其他类似地方的殖民地化推动了多头制各项制度的建立，尽管这些地方或许并不太适宜于多头制。[15] 相似地，在第二次世界大战结束之时，美国对日本，以及美国、英国与法国对德国西部的占领，成为日本和联邦德国民主政治体系的奠基礼。同等重要的是，在战后的关键岁月里，当日本和德国的经济深陷危境、难以自拔之时，外国的经济援助（主要来自美国）也使这两个国家的经济与 MDP 社会健全和壮大了起来。这些变化，反过来又有助于它们新的民主政治制度的稳定。

这里的要点是：虽然内部因素与条件能促进一个民族政治体系内的多头制，但有时候其他国家的干预也能够帮助或者妨碍它的发展和生存。

* * * * *

当今世界的许多民族政治体系，都具有一些或全部使多头制易于存在的重要条件。如果这样，那么一旦更多的国家形成了这些条件，它们发展多头制各项制度的可能性也就会随之增大。然而，在可以预见的将来，不少国家内有利于多头制的那些条件却不大可能出现，而且，在这些国家起作用的政治体系很可能也并非就是多头制的。

本章和本书的第二部分就要结尾了。在这个部分，我们论述了政治体系的相似性与差异性，关注的焦点是管制着地球上190来个国家的特别重要的民族政治体系。在第二部分，我们主要从政治体系这个层次来观察政治，即采用政治学家有时所称的**宏观**（macro）视角；而在第三部分，我们将转而聚焦于政治中的个人行为，即采取政治学家有时所称的**微观**（micro）方法。那么，就让我们把注意力从作为整体的政治体系转移到个人以及他们在政治中的作用上去吧。

注　释

[1] 对本章所论问题的一个更充分的论述，可见罗伯特·A. 达尔：《民主与对民主的批判》（康涅狄格州，纽黑文：耶鲁大学出版社，1989），第18章。

[2] 关于军事力量政治作用的某些好的论著包括：S. E. 芬纳（S. E. Finer）的《马背上的人：军事力量在政治中的作用》，第二版（科罗拉多州，博尔德：韦斯特乌出版社；伦敦：品特出版公司，1988）；艾里克·A. 诺德林格（Eric A. Nordlinger）的《政治中的军人：军事集团与政府》（新泽西州，恩格尔伍德克里夫斯：普兰蒂斯-霍尔公司，1977）；阿莫斯·珀姆特尔（Amos Perlmutter）的《现代军事与政治》（康涅狄格州，纽黑文：耶鲁大学出版社，1977）；塞缪尔·P. 亨廷顿（Samuel P. Huntington）的《军人与国家》（马萨诸塞州，剑桥：哈佛大学出版社，1957）。

[3] 在2000年，日本政府开始公开考量正式修改日本宪法的有关条款，以使其能容许该国"在国际维和努力中发挥更大的作用"。见《日本宪法弄到了是与不》，载《纽约时报》，A版12页，2000-05-03。

[4] 美国国务院武器控制局：《1998年世界军费开支与武器转让》，见http://www.statc.gov/www/global/arms/bureau_ac/wmeat98/table_1.pdf，2000-06-03。

[5] 见芬纳的书，312页。

[6] 关于这方面的例子，可参见阿尔弗雷德·斯特潘（Alfred Stepan）：《政治中的军队：巴西模式的变迁》（新泽西州，普林斯顿：普林斯顿大学出版社，

1971），以及《内部战争的新职业化与军队作用的扩展》，见阿尔弗雷德·斯特潘编：《极权的巴西》（康涅狄格州，纽黑文：耶鲁大学出版社，1973），47～65页；也可参见艾里克·A. 诺德林格的《政治中的军人：军事集团与政府》（新泽西州，恩格尔伍德克里夫斯：普兰蒂斯-霍尔公司，1977）。

［7］参见达尔：《民主与对民主的批判》，261～262页。

［8］有趣的是，在2001年9月11日恐怖分子袭击世界贸易中心之后，纽约市长鲁迪·朱利安尼（Rudy Guilliani）建议延长他本来应该在2002年1月结束的任期。恐怖袭击发生后没几周，当朱利安尼市长赢得了全国乃至国际上对他的危机领导水平的承认之时，他又想出了延长其市长任期的两种新办法。第一，他建议可以废除对一名市长只有两个任期的限制。这样的话，他参加2001年11月的市长选举以获得第三个长达四年的市长任期，就不会有障碍了。第二，可以采取把他的任期在2002年（原文为2001年，疑为打印错误。——译者注）再延长三个月的立法，这样新当选的那位继任者就会在2002年（原文为2001年，疑为打印错误。——译者注）3月而非1月到任。尽管这引起了某些城市和州的政府官员的兴趣及媒体的大量关注，但朱利安尼市长延长任期的想法还是被驳回了。

［9］关于当代政治学家对政治文化的专门研究，见加布里埃尔·A. 阿尔蒙德（Gabriel A. Almond）与悉尼·维巴（Sidney Verba）：《公民文化：五个国家的政治态度与民主》（新泽西州，普林斯顿：普林斯顿大学出版社，1963）。有关的后续研究系列，见加布里埃尔·A. 阿尔蒙德与悉尼·维巴编：《公民文化再探讨》（加利福尼亚，纽柏里公园：赛捷出版公司，1989）。

［10］亚当·普热沃斯基，迈克尔·E. 沃维热兹，约瑟·安东尼奥·切巴布与费尔南多·里蒙基：《民主与发展：世界上的政治制度与福利，1950—1990》（英国，剑桥：剑桥大学出版社，2000），80页。

［11］普热沃斯基等人在其书中的第一章解释了他们决定在一个特定的年份的一个特定的政治体系是否应该被算作民主的或非民主的体系的方法。见该书18～30页，特别是他们关于四项操作规则的陈述与讨论。我们还应该注意：他们的论述是在一年接一年、一个体系又一个体系的基础上进行的，依据的是他们对1950—1990年期间各个国家的总共4 126个年度观察报告。他们指出（79页），在其考察的77.5%的时段内，人均收入都能准确地预测到一个特定的政治体系在一个特定的年份究竟是民主的还是非民主的。他们总结道，这两个变量之间的关系是“强相关与紧相关的”（79页）。

［12］老多头制国家的数目（21 个），是以迈克尔·科佩基与沃尔夫冈·莱茵尼克的研究为基础的，见他们的论文《对多头制的衡量》，民主衡量会议论文，斯坦福大学胡佛研究所，1988 年 5 月 27—28 日；也可见罗伯特·A. 达尔：《现代政治分析》，第五版（新泽西州，恩格尔伍德克里夫斯：普兰蒂斯-霍尔公司，1991），86 页，图 8－3。美国、英国、加拿大、瑞典、新西兰、澳大利亚以及法国，都在老多头制国家的行列之中。

［13］有些国家通过创立“协商民主”制度，已经成功地处理了亚文化分裂。在这种制度下，所有重要亚文化的政治领袖都可以参与到一个治理联盟之中；凡能影响任何一个亚文化的核心利益的决定，如得不到该文化的领袖的同意，就不能被采纳。成功的例子包括瑞士、荷兰、比利时与奥地利。关于协商民主的描述和分析，见阿伦·李帕特：《多元社会中的民主》（康涅狄格州，纽黑文：耶鲁大学出版社，1977）。

［14］当然，具有讽刺意味的是，美国政府在其他国家建立多头制的类似活动并不总是在促进多头制在这些国家的发展。对美国在中美洲的干涉活动及其主要的反多头制效应的叙述，参见沃尔特·拉菲伯（Walter LaFeber）：《过去的麻烦》，见罗伯特·S. 雷肯（Robert S. Leiken）编：《中美洲：冲突解析》（纽约：珀格蒙出版社，1984），49～68 页；罗伯特·楚迪奥（Robert Trudeau）与拉斯·舒尔茨（Lars Schoultz）的《危地马拉》以及丹尼斯·基尔伯特（Dennis Gilbert）的《尼加拉瓜》，见莫里斯·J. 布兰克曼、威廉·M. 勒奥格兰德（William M. LeoGrande）与肯尼斯·夏普编：《冲突解决：通过外交求得中美洲安全》（纽约：潘腾图书公司，1986），84～124 页。

［15］另外，英国（或它的前身）的殖民地如澳大利亚、加拿大与新西兰，现在也都是多头制国家。然而，现在居住在澳大利亚、加拿大与新西兰的人口大部分具有不列颠人和其他欧洲人的血统，而印度和巴哈马并不是这样。那么，我们就能够而且应该在下列两种情况的多头制之间做出区分。（1）早先的不列颠殖民地：其现在的人口主要是殖民者的后裔，这些殖民者要么来自多头制国家或早期的多头制国家，要么来自其社会特征相对有利于多头制的那些国家。（2）那些现在的主要人口并非来自前面提到过的国家：它们的社会缺乏能对多头制各项制度的建立有助益的多种因素或主要因素，却显然是因为殖民地化的缘故而变成了多头制国家。

第三部分
政治参与和政治评价

第十章
个人的政治参与

政治，当然就是影响力的运用。在第一章，我们举例说明了影响力在不同的个人中可能的差异度：以早期的澳大利亚罪犯和美国的奴隶为一端，以希特勒为另一端。可以肯定，这些罪犯和奴隶，因为其所在的环境，几乎不能运用什么影响力。罪犯们一旦被判有罪并被强行运往澳大利亚，就只得在武装看守的监管下，勉强地生存在这块荒凉而又遥远的陆地上。他们只有相当有限的机会对其他人运用影响力，而不管他们是否想要如此。[1] 与之相似，奴隶属于居住在当今美国东南部的白人所有者，也没有多少对别人运用影响力的机会，对白人则更是毫无运用影响力的机会可言。

与早期的澳大利亚罪犯和美国的奴隶相反，生活在现时代多头制下的公民有更多的运用影响力的机会，**如果**他们选择这样做的话。但是，人们发现，尽管他们都处于同一个多头政治体系的国界之内，也绝不意味着他们每个人都同样关注政治生活。而且，某个人或许会深深地卷入某一体系（比如家庭、俱乐部、工作场所、商号、工会、教会或学校）的政治之中，却有可能根本就不介入那种围绕一国政府的政治生活。

由于政府的特殊重要性，我们在本章将只聚焦于人们与一国政府有关的政治参与。一些人对本国政府的政治漠不关心，另一些人则全身心投入其中。即使在那些被本国的政治所深深吸引的人中间，也只有一部分人积极地谋求影响力和权力。进而，在寻求影响力-权力的人中间，一些人也比另一些人得到的要多。这些差异，可以使我们得出一个理解政治参与的总体性命题：**在多头制以及别的民族政治体系中，就人们运用影响力和寻求将影响力运用于本国政府的程度而言，在个人之间存在着显著的差异。**[2]

个人为什么不参与政治

在多数民族政治体系中都只有少数人显示出对政治问题的浓厚兴趣，他们关注和知晓政治，并活跃于公共事务之中。甚至在政治参与机会众多的多头政治体系中，也不是所有的公民都热心于政治或试图这样做。相反，在所有多头制中，似乎都有数量可观的公民对涉及本国政府的政治无动于衷。总之，他们是**不关心政治的**（“无视政治的”），因而可以说构成了**政治冷漠阶层**（the apolitical stratum）。

诚然，这在不同的政治体系以及在不同的时期都存在着重大的差异。但在所有的政治体系中，大部分公民都无法利用参与政治生活的机会，这似乎又是一个近乎普遍的现象。就连有时被视为民主参与典范的希腊城邦也不能例外。[3] 美国新英格兰某些地区的城镇会议常常被视为民主参与的典型，但如同在雅典一样，在新英格兰的许多城镇中公民也无意于在治理城镇的政治体系中发挥影响力。[4] 甚至在今天的民族政治体系中，不参与的比例通常也很高。在大多数的多头制中，有 1/5 到 1/3 的合法选民并不在全国性的选举中投票。还有更多的公民放弃参与其他的政治活动的权利。[5]

为什么在教育普及、具有普选权和民主政治体系的现代社会中，政治冷漠阶层竟然如此庞大呢？这里的七个命题有助于解释为什么人们并不介入治理自己国家的政治之中。

（1）**如果人们认为他们可以预期的从政治介入中得到的报酬比从其他活动中得到的报酬要低，那么他们就不大可能介入政治。**个人从政治活动中可能（或期望）得到的报酬可以按惯例分为两类：从活动本身获得的直接满足，以及活动结果所带来的功用性利益。

介入政府所产生的直接满足包括：作为公民履行义务的成就感，同朋友和熟人的社交乐趣，同显赫人物往来或接触内部信息带来的自尊心的提升，政治作为一种运动或一种参与者或赢或输的竞争所引起的兴奋，等等。然而，对于很多人来说，政治活动远远无法像其他消遣（例如，家庭生活，浪漫关系，娱乐，在工作中或在邻里间形成的友情）那样能使人得到满足。在他们看来，介入国家的政治生活所产生的感情、收入、安全、尊重、刺激和其他价值要远逊于工作、看电视、读书、钓鱼、跟自己的孩子玩耍、参加足球比赛或安装一台新的计算机的乐趣。对此的解释可能是，人类并不天生就是热心公益的动物。我们的许多最迫切的欲望和更强烈的满足感的来源，都可以追溯到古老而持续的生物学与生理学上的冲动、需求和不足。在人类的进化中，涉及国家的有组织的政治姗姗来迟；今天，人们学习着如何在作为漫长发展产物之本能机制的帮助下（往往是在其阻碍下）像政治参与者一样来行为。避免痛苦、不安和饥饿，满足性的冲动、爱、安全和尊重，才是迫切与原始的需要。但迅速和具体地满足它们的手段，一般都不在政治生活的范围之内。[6]

政治活动中可预期的功用性利益，大致可以分为两类。一类是特定的个人或家庭的特殊利益（有时也称为“特殊化了的利益”），例如从政党领导人那里得到一个职位，充当监票员得到金钱，受贿，等等。或者，这种利益也可以是有利的政府决定：“政府变动分区的指令使某个人可以扩大他的住房，提供一张执照，因家庭困难而获批免服兵役，拆除有碍观瞻的电话线杆，提供农业援助或者为某一住宅配置更好的供水系统。”[7] 对一些人来说，特殊利益是政治参与的一个充分诱因。旧式的美国政治机器主要就是通过特殊利益来建立其拥护者和政党工作者的忠诚的。

然而，特殊化利益显然不能延伸至全体公民。许多公民希望从政府那里获得的是集体利益，即那些一旦被授予了某些成员，就不得不被授予整个群体中的其他成员的利益，如纳税人、社会保险受益人、汽车驾驶员等群体中的利益那样。[8] 在有关战争与和平、外交事务、军事政策以及其他一些问题的决策上，集体实质上就包括了全体公民。然而，有些人不相信他们会从这些政府活动中获益。在对四个多头制和一个由单一政党控制的政权（墨西哥）的公民的政治态度与活动的调查中，美国和英国有大约 3/4 的人认为，全国性政府的行动趋向于改善各自国家的现状，德国、意大利和墨西哥有 1/2 到 2/3 的人也认为是这样。但是，其余的人却在不同程度上或是敌对，或是怀疑，或是不确定，或是没有看法。[9] 还有一些人认为，介入政治的报酬是遥不可及与模糊难辨的，其他活动的回报则可能要更直接和更具体一些。

简言之，许多人认为介入政治的机会成本太高，不值得一试。这些人不愿放弃眼前确定而又具体的利益或源自非政治活动的满足，去获得可能随着政治参与而来的更为遥远、更不确定和更加抽象的利益。

（2）**如果人们认为摆在面前的选项没有重大的差异，因此其所作所为无足轻重，那么他们就不大可能介入政治。**如此，则那些自称不在乎“今秋哪个政党赢得总统选举”的人，比起那些自称十分关心的人来，就更不可能那么积极地在总统选举中投票。[10] 并不令人惊讶的是，不关心“哪个政党赢得总统选举”的人参与竞选、捐款或劝说行动的可能性也会降低。有些人不参与投票或政治的原因是，他们认为候选人或政党并没有为他们提供真正的选择机会。

（3）**如果人们认为其所作所为无足轻重，因为他们不能有效地改变结果，那么他们就不大可能介入政治。**许多研究都表明，对个人能有所作为的信心与个人的政治介入程度有着密切的关系。个人的“政治效能感”越弱，他就越不可能参与投票、试图影响别人如何投票、为某个政党工作、为候选人提供资助，等等。[11]

个人对他或她自己有能力在政治生活中发挥作用的信心，取决于许多因素。当然，信心反映了对局势的一种现实评价。把即将来临的选举视为一种完全一边倒的事情的人，比起那些认为这次选举的情况将是势均力敌的人来，就不会那么积极地去投票，这是不足为奇的。就连那些高度关注某次选举结局的人，如果他们相信选举太过于一边倒，以至于其选票不会造成任何差异，他们也可能决定不去投票。[12] 尽管由于各种原因，次国家层次的投票率几乎总是要低于国家层次的[13]，但同样不足为奇却是：在一些国家中，人们对他们有效改变地方政府的作为的能力较之改变全国性政府的作为的能力要更有信心一些。[14] 不论这个判断是否现实，许多公民都被这种感受所笼罩，即：官员根本就不会理睬“像我这类人”。在美国，一个人的收入、社会地位、政治资历越高，最重要的是受教育程度越高，其政治自信心（即政治效能感）往往也越强。

个性，大概也与一个人的效能感有某种关系。一个人对其影响政策的机会持乐观态度还是悲观态度，大都与更深层的个性因素相关联，比如那种弥漫于一个人的全部观点的基础性信心。[15] 政治信心，可以靠它自身来保障，强则可能愈强，弱则可能愈弱。一个缺乏信心的人可能回避政治，这样其发挥作用的机会就会减少，而这又可能进一步降低其政治信心；相反，一个有信心的人，由于介入了政治，其信心也可能会随之增强。

（4）**如果人们相信没有他们的介入，结局也会相当令人满意，那么他们就不大可能介入政治。**即使是那些认为某项特定的政治决策特别重要的公民，如果他们觉得该决策无论如何都会很好，那么他们也不会介入。如同人们对政治效能的信心不足会妨碍政治参与一样，他们对某个政治体系中普遍的正义、合法性、稳定性与决策公平有高度的信心，也会使他们以为参与政治似乎是没有必要的。

（5）**如果人们感到他们的知识太有限以至于不能有所作为，那么他们就不大可能介入政治。**似乎每个国家都有大量的人觉得自己并不了解政治[16]，因此他们中的一些人会彻底远离政治，也就不足为奇了。正如我们在第五章所指出的，知识是个人得以运用影响力的一种政治资源和基础。如果某人承认自己缺乏知识，那么就不难理解他为什么不太可能参与政治。

（6）**某个人遇到的障碍越大，这个人介入政治的可能性就越低。**当人们期望从一种活动中得到高额报酬时，他们便愿意去克服重重障碍，付出高昂的“代价”去赢得它们。但如果他们认为报酬将会很低或根本不存在时，那么，即使很小的障碍和很低的代价也足以使他们灰心丧气。无论在哪种情况下，在政治参与的路途上遇到的麻烦越多，参与的可能性就会越小。如果篱笆那边的草并不更加鲜嫩，那么为什么又要费力翻过去呢？如果不能获得高额的预期回报，为什么非要冒着被捕、受伤甚至死亡的危险穿越旨在阻挡人们的警察防线，到特定的地点去举行示威呢？

与其他几乎所有国家相比，美国的全国选举的投票人数都显著要少。有充分的理由认为，这种情况部分地是由投票的一个附加障碍——选民登记的要求——所引起的。在其他国家中，选民没有必要事先登记，或者可以简单、方便、近乎自动地完成登记。在美国，登记程序和要求则往往会影响到参加登记的适龄选民的比例。[17] 另外，还有好些别的障碍也值得注意：非常频繁的选举，涉及许多职位与表决问题的选票，邮寄选票的期限，在工作日进行选举，等等。所有这些都会阻碍美国公民参与投票。[18] 只是没有哪个因素像烦琐的登记要求那么关键罢了。[19]

政治介入的代价也会因活动的不同而有所不同。正如维巴和尼所强调的，诸如竞选等活动会涉及与其他参与者的冲突，因此，那些不喜欢冲突的人更有可能避开这些参与形式。他们还指出，某些活动——例如接触政府官员——要求有比投票高得多的主动性。[20] 因此，投票比公民主动接触政府官员要普遍，就没什么好奇怪的了。

（7）最后，**如果没有人或组织来进行参与“动员”，人们就不大可能介入政治**。**动员**（mobilization）就是“做某些事情以增强……〔某人〕参与的可能性”[21]。候选人、政党或别的一些政治积极分子或团体进行**直接**动员的例子包括挨家挨户游说、直接发邮件恳请、在电视上呼吁、在基层发信件鼓动……当政治活跃组织或个人通过共同的朋友进行接触时，**间接**动员就出现了。例如，候选人找某个雇主谈话，而后雇主又要求他的雇员为该候选人的竞选出力或以别的方式采取志愿行动。[22]

正如三位政治学家所指出的，我们用来解释为什么个人不参与政治的最后一个命题等同于说“因为没有人邀请”[23]。最近的政治参与研究，强调了动员在理解有时被称为美国的“政治参与之谜”上的重要性。[24] 除非得到了某些人或某些组织的鼓励，否则即使那些拥有适当的资源且对政治相当感兴趣的人，也不太可能参与政治。

个人为什么一定要参与政治

我们考察过的所有因素也可以反过来起作用。看起来很明显，如果人们符合下列要求，那么他们**更**有可能参与政治。

(1) 看重将会得到的报酬。

(2) 认为选项的不同是很重要的。

(3) 相信他们能够帮助改变结局。

(4) 认为如果他们不行动，结局就将难以令人满意。

(5) 具备与眼前问题相关的知识或技能。

(6) 在行动中只需克服较小的障碍。

(7) 受到了别人的参与动员。

这些以及其他的因素，使得某些人对政治**有**兴趣，**乐于**关注和知晓政治，通过谋求并实际运用影响力来**真正**参与政治生活。这些人就构成了**政治阶层**（political stratum）。

但同样的因素也会导致政治阶层**内部**的分化：一些人比其他人更热衷、更关注、更懂得政治，在政治上也更为活跃。在有大众政府的国度，公民在法律上可以自由地参与样式繁多的政治活动，这些活动的要求愈高，耗费的时间就愈多，代价就愈高或困难就愈大，而参与的人数就愈少。例如，公民更可能去投票，而不是出席政治集会；更可能去出席集会，而不是积极地为一个候选人或一个政党工作。在最近的一项关于美国人的政治参与的综合研究中，政治学家悉尼·维巴、凯伊·勒赫曼·施洛茨曼（Kay Lehman Schlozman）以及亨利·E. 布拉迪（Henry

E. Brady）发现了“（参与）行动的实质性差异”。如图 10－1 所示，投票是显而易见的最普遍的政治行动。虽然 71％的公民参与了选举投票，但只有大约 1/4 的公民进行了竞选捐献，且只有不到 1/10 的公民为竞选工作或参加抗议活动。如图 10－2 中的更早时期的跨国数据显示，这种一般模式在其他政治体系中也同样存在。与在美国一样，在奥地利、荷兰、英国和联邦德国，参与选举投票的公民人数，也远远多于参与竞选工作、接触当选官员、出席政治集会以及其他此类活动的人数。[25]

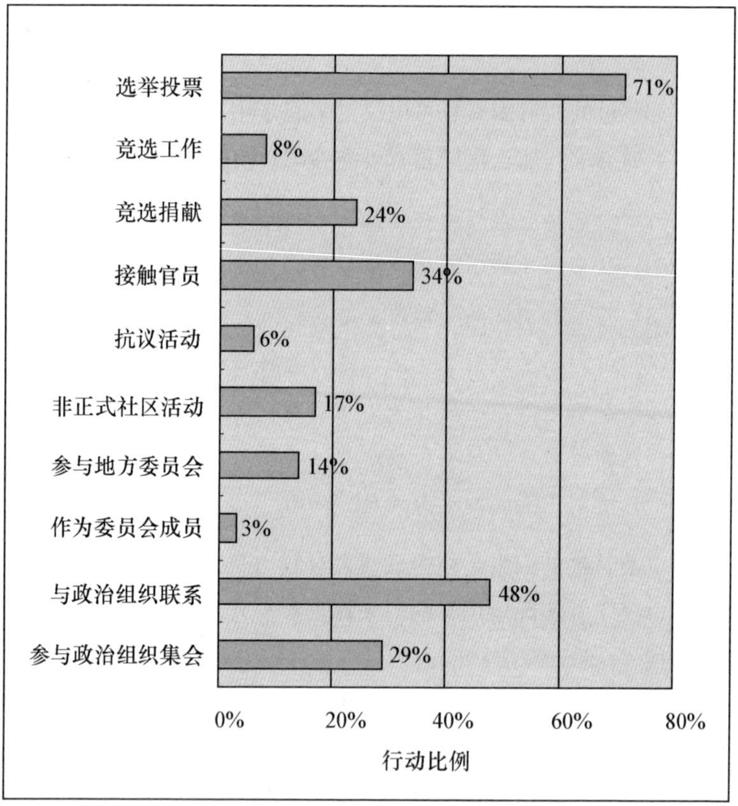

图 10－1　美国的政治参与

经出版商同意重印，出自维巴、施洛茨曼、布拉迪：《声音和平等：美国政治中的公民自愿主义》（马萨诸塞州，剑桥：哈佛大学出版社，哈佛大学校长及同人版权所有，1995），51 页。有效样本的规模为 2 517 个加权案例，以及基于 1989—1990 年收集的数字得到的数据。更多的细节，请参见维巴、施洛茨曼和布拉迪的著作。

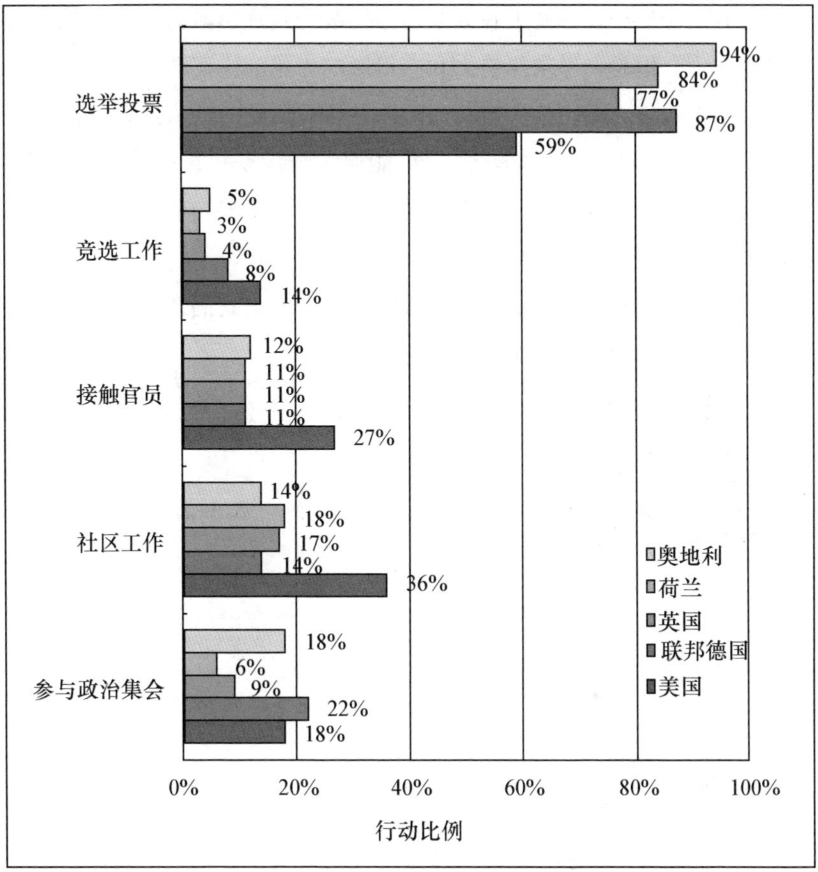

图 10－2　五个国家的政治参与

经出版商同意重印，出自维巴、施洛茨曼、布拉迪：《声音和平等：美国政治中的公民自愿主义》（马萨诸塞州，剑桥：哈佛大学出版社，哈佛大学校长及同人版权所有，1995），70 页。维巴、施洛茨曼和布拉迪在制作此图时使用了早期出版的研究成果的数据。选举投票比例是以除荷兰之外的 1946—1980 年的选举为基础的。其他活动的比例来自 1979 年之前所做的研究。

政治阶层远非铁板一块，如图 10－1 和图 10－2 所示，其成员无论是在政治参与的数量上还是在政治参与的形式上都是大不相同的。的确，每个国家通过多种方式参与政治的公民只是相对的少数。但维巴、施洛茨曼和布拉迪发现，有 65％的美国人参与了选举投票之外的某种政治活动，而不论其为参与政治组织的集会、竞选捐献、参与地方委员会，还是图 10 1 中出现的其他活动。[26]

在政治阶层中，一些人在寻求对一国政府施加影响力上比其他人更为坚定有力。但是，谋求影响力和获得影响力绝非一码事。不仅一些影响力寻求者的努力会付诸东流，而且一些得到影响力的人或许也没有在实际上谋求过影响力，例如，他们可能通过继承获得影响力。简言之，在政治阶层内部还存在着一个在影响力寻求上很不成功的次阶层和一个影响力显赫的领导者次阶层。

你或许注意到了，我们刚才所说的基本上就是我们在第六章提出的关于政治体系相似性的两个命题的重述：

> (1) 政治体系中的某些成员力图获得对政府所实施的政策、规则和决策的影响力。
>
> (2) 影响力在生活于某个政治体系的个人中间的分布是不均衡的。

因此，我们面临着两个重要的问题：为什么政治阶层中的有些人比其他人更积极地谋求影响力？为什么有些人能比其他人获得更多的影响力？

社会经济特征

尽管不可能获得普遍的答案，然而在以民主多头制来治理的国度中，较高的政治活动水平往往与特定的社会特征相联系。例如，较高的政治活动水平往往存在于：

> 受教育程度较高的人，
>
> 男人，
>
> 社会经济地位较高的人，
>
> 年龄较大的人，
>
> 行政官员，专业人士，以及其他的白领工作者。[27]

为什么具备这些社会经济特征的人倾向于更多地参与政治生活呢？这是因为：具备此类特征的个人往往也掌握了更多的政治资源，以及在使用政治资源方面的更多技能；而且，他们还具有比其他人更为强烈的（和更少内在限制的）参与动机。

动机

尽管社会经济地位的差距如此重要，但它也只能解释政治参与变化中的很小的一部分。在社会经济地位相似、政治资源量相当的人中间，有些人在谋求对于一国政府的影响力上却要比其他人活跃得多。[28] 为什么呢？

这个问题的答案可以分为三类。

（1）不时有人说，**致力于获取对本国政府的影响力的人，是为了达成普遍的利益**。他们希望保障全体公民的利益，实现一切人的正义，造福于国家，或者维持生命、自由以及对幸福的追求。很多政治哲学家都一再声称，领导人**应该**寻求统治权，以便为所有人的利益而运用权威。[29] 但是，大概从来没有一位政治学者严肃地以为这就是为什么大多数人**确实**在谋求统治权的唯一理由或主要的理由。

（2）有人论证过，**致力于获得对政府的影响力的人，是在有意识地追求他们的自我利益**。这个假设的一个困难是，看上去不言而喻的“自我利益”（self-interest）这个概念实际上却非常复杂。被一个人视为“自我”（self）的东西，有赖个体的认同，而这在个体间显然是大相径庭的。个人如何看待这个“自我”，似乎并不完全出于本能，而且也是一个社会习得和个人发展的问题。[30] 同样，一个人视为自我“利益”的东西，也是由学识、经历、传统和文化塑造而成的。因此，将一个行动的原因归结为自我利益，并不具有太多解释力。如同一位杰出的现代心理学家所说：

> 自我包括一切值得珍视的东西和与某一个体的生命有关的人身，因此，“自私”一词就失去了它原本的含义，进而“人是自私的”这一命题也就成了一种循环论证：人们关心人们所关心的事物。[31]

艾莉森的自我利益既可以指她为自己一个人追求好处，也可以指她试图为她自己及其家庭获取各种好处。现在，艾莉森的家庭变成了“自我”；而其“利益”也就涵盖了从节省每一分钱到巨额慈善捐赠的范围。或者，艾莉森的自我利益还可以指她试图为她所认同的更广泛的阶层

（如她的邻里、地区、阶级、宗教、族群、种族、国家等）获取好处。这样，艾莉森所认同的“自我”和她所认定的自我“利益”的一系列目标，都可能因其学识、经历、传统和文化而变得极其狭隘或十分广泛。人类学的研究证实，自我、利益和自我利益的概念因人而异，迥然不同。而且，一些政治学家最近的一项研究也提到，接受过他们征询的美国人提供了“他们自己从事政治活动的许多理由”；该项研究还表明，那许多的理由——从个人的物质或社会利益到更有“公益心的动机”——均可以被视为“理性的”，因而也就是“自我利益的”[32]。

一些当代政治学家将日渐为人熟知的“理性选择方法”应用到了政治学中。该方法的聚焦点是个人在政治参与中对自我利益的理性追求。然而，当他们探索和分析这个焦点的性质与内涵时，争议和矛盾就产生了。难道自我利益可以被假定为政治的唯一动机性因素？难道可以假定个人对自我利益的追求在任何情况下都不需要经验证据，抑或它需要而且必须要在经验调查的基础上来进行证实或证伪？难道这里讨论的自我利益必定只是物质的，抑或它也可以包括某种意义上可能属于自我利益动机的东西，例如“帮助其他不如我幸运的人”？

理性选择方法的倡导者认为：在尝试用一种单一的提纲挈领式的理论方法来更加完整和系统地理解政治的过程中，理性选择方法的地位日益突出，这就是一个重要的进展。但另一方面，理性选择方法的批评者却表达了这样的担心：该方法使得现代政治分析在履行其理解和解释政治的中心任务时心不在焉，而且几乎没有对政治如何运作提供什么新的理解。不过，别的政治学家却依然承认，理性选择方法跟那些与其竞争的方法和视角一起都是有所贡献的。[33]

后弗洛伊德心理学也对作为一种解释框架的“理性的自我利益”提出了反驳。忒拉叙马科（Thrasymachus）、霍布斯、边沁（Bentham）和马克思[34] 都把对权力的追求解释成对自我利益的“理性的”与有意识的追求。但弗洛伊德明言，苏格拉底所说的“危险、野蛮和无法无天”的欲望不仅会驱使人类相互争斗（如霍布斯所坚称的），更有甚者，它们还会驱使人类与他们自己发生冲突。根据弗洛伊德，这些内在冲突是狂野之风，常常会吹灭那束闪烁不定的理性之光。理性，正如弗洛伊德所见，不能永远引领被情欲拉动的马车，因为这些狂暴的马相互攻击，在它们的打斗中理性的缰绳会乱成一团。[35]

弗洛伊德发现、分析和陈述了敏锐的人类心理研究者（亦即伟大的戏剧家和小说家们）早已熟知的东西。但从弗洛伊德的时代以来，好些社会学家都还在尝试要建立探究人类寻求影响力或权力的系统理论。

本章关于政治参与的一个主要论题是个体在参与方面的差异。就不同要素或不同版本的自我利益激发政治参与的程度而言，个体之间是有差异的，正如他们的政治参与性质和政治参与数量是不尽相同的一样。让我们强调这一点，以便再次回到这个论题上来。

（3）常常有人说，**谋求影响力或权力的人，是由于受到了连他们自己也不全然明了的需求、希望、欲念与动机的驱使**。某些人天生就渴望获得影响力，这是一个古老的观点，一个连柏拉图本人也赞同的观点。现代学者用现代的术语装点出了类似的观点。自弗洛伊德以来，他们常常强调潜意识的张力。美国政治学家拉斯韦尔认为，权力寻求者之所以要寻求权力，是因为他们将其当成了补偿儿时所遭受的心理剥夺的一种方式。心理剥夺，即在早期岁月里因缺乏尊重和关爱而导致的自我评价的低下，是酿成权力寻求的典型。在童年或稍后的阶段，权力寻求者学着通过寻求权力来补偿对“自我价值”的低估：一旦拥有权力，他们就会变得重要，并受到人们的爱戴、尊敬和羡慕。在拉斯韦尔看来，权力寻求者未必就很清楚他们之所以寻求权力的奥妙所在；他们使权力寻求合理化的方式，是使其与他们已知的价值协调起来，或许还要使其与他们所认同的在人们中间盛行的意识形态一致起来。[36] 曾在1913—1921年担任过美国总统的伍德罗·威尔逊，就被描绘为一个与拉斯韦尔的总体框架一致的受理性驱使而寻求权力的例子。[37]

但是，有几位社会心理学家却采取了一种不同的策略。他们在假定人们谋求权力的内在冲动在强度上各不相同的前提下，提出和运用了“权力动机”的测量方法。[38]

然而，与其他方法一样，将谋求影响力解释为无意识的动机或某种持久的意向（植根于个人的性格或个性之中）的一种副产品，也并非完全令人信服——至少是对于那些积极寻求获得对一国政府的影响力的人来说是这样。其中的一些主要困难是：

1）谋求影响力和权力的人未必要在本国政府中寻求它们。他们也可能在其他机构，如企业、教会或大学中寻求。

2）受强烈影响力或权力欲望驱使的人，在获取影响力上可能并不怎么有成效，因为他们可能会引起别人太多的不愉快和不信任。

3）影响力或权力可以服务于很多目的。根据文化、社会、经济和政治体系的不同，影响力可以被用来（如拉斯韦尔和其他人所说的）获取声誉、威望、安全、尊重、爱慕、财富和很多别的价值。因此，一个人谋求影响力或权力可能出于许多不同的动机，其中就有我们在本章及其他许多章节中所讨论过的那些动机。

4）最后，没有足够的经验证据可以证明，那些深深卷入围绕本国政府的政治生活的男男女女是因为受到了种种理论提到的那些动机的驱使，才真那么做。

那么，人们寻求对于一国政府的影响力的理由，似乎不可能是如出一辙的。一个人之所以想要获得影响力，可以有太多的理由，可能是有意的或是无意的。而且在不同的政治体系和不同的时期，影响力的代价和好处也是千差万别的。罗马皇帝卡里古拉（Caligula）和美国总统亚伯拉罕·林肯都寻求过影响力，但如果说卡里古拉和林肯受到了相同动机的驱使，那就太没有说服力了。正如不同的个人在参与政治的程度上存在差异一样，导致他们参与的动机也是各不相同的。现代政治分析需要继续努力，以便更好地理解这些动机。

最有权势的人

我们说过，并非所有影响力或权力寻求者都获得了完全的或哪怕部分的成功。那么，为什么有些人能比其他人获得更多的影响力或权力呢?

一般而言，如果一个人在某一特定事务上（在第五章中我们称其为“范围”）对某些特定的个人（在第五章中我们称其为“领域”）的影响力比其他人更多，那么我们就可以从两个可能的来源来进行解释：要么是因为所使用的资源在数量上的差异，要么是因为所运用的资源在技能和效率上的差异。[39] 一些人能比其他人使用更多的资源来获取影响力，另一些人则能更有效、更巧妙地使用他们手头的资源。

为什么有些人可以使用更多的资源？这大概是因为他们期望通过这样做来获取更多的影响力。艾莉森较之比尔可以从一个特定的行动中“获得更多”，这要么是因为这个行动对她来说“代价较低”，要么是因为这个行动的结果对她来说“价值更大”。倘若A拥有的资源（例如财富）比B多，那么在其他条件相同的情况下，一笔特定费用的代价对A来说就比对B来说要低，因为A必须放弃的其他选项要比B少。或者用经济学家的语言来说，就是A的机会成本较低。

一个拥有财富和大量闲暇的人可以一周花费60个小时来从事没有报酬的政治活动，而他的机会成本却大大低于那些需要长时间工作来养家糊口的人。简言之，如果A的资源比B多，那么配置一定数量的这类资源以获取影响力的机会成本，对A来说就比对B要低：A可以用较低的机会成本付出与B一样多的费用，或以同样的机会成本付出较多的费用。因此，一般而论，一些人能比其他人**使用**更多的资源以获取影响力，是因为他们**有机会**动用更多的资源。如果其他一切条件相同，就可以合理地预期：拥有更多资源的人将获得更多的影响力。那么，就此而论，在影响力和影响力寻求上的差异就与客观境况的差异有关联。

即使他们的资源在客观上完全相同，A和B在某一特定环境中也可以配置不同数量的资源。那么，为什么A比B更愿意在特定的环境中配置资源以获取影响力呢？

1）因为A期望的结果可能不同于B所期望的。

2）因为尽管在资源费用既定的情况下A和B期望的结果相同，但A对成功概率的预计却要比B更高一些。

3）因为尽管双方都期望获得相同的结果，但A和B用以评价结果的价值标准或尺度却并不相同。

然而，如果B的技能比A高强，那么A运用更多的资源也不一定会得到更多的影响力和权力。这是因为一个练达的政客用较少的资源就可以成就颇多，而一个笨拙的政客即使用大量的资源也鲜有作为。那么，为何有些人比其他人更有政治技能呢?

这是一个不好回答的问题。要想给出答案，就得在这本书之外去寻找。某两个人的技能差异——无论这种技能是走过尼亚加拉大瀑布上空的钢丝索，还是在伦敦的舞台剧中扮演主角，抑或在美国参议院中担当多数党领袖——都有三个可能的原因：(1) 遗传差异；(2) 学习机会的差异；(3) 学习动机的差异。

“为什么有些人比其他人获得了更多的影响力?”——在本节中，我们是从这个问题开始的，但直到图 10－3 的出现才给出了一个总体上的答案。

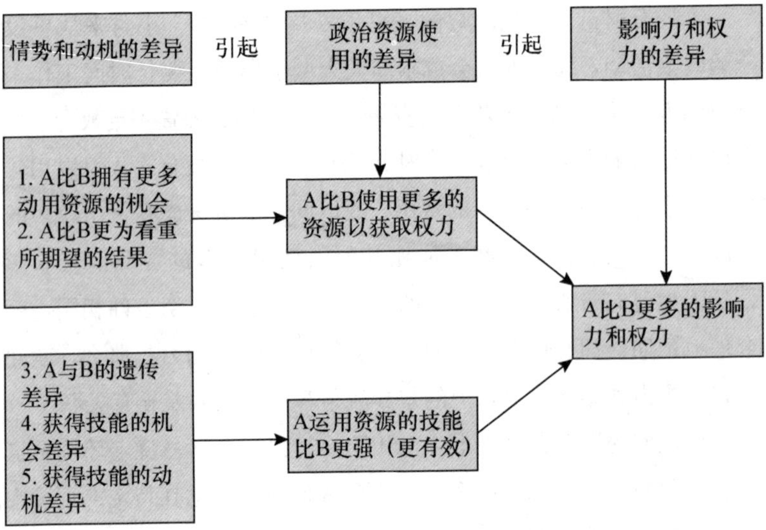

图 10－3　为什么有些人能比其他人获得更多的影响力

政治态度与行为的变化

在本章中，我们一直聚焦于个人在政治参与上的差异，以及对那些差异的解释。如果你重新阅读本章中用来回答为什么一些人不大可能介入政治的那七个以黑体字标出的命题，你就会发现这些命题大多都是以态度与行为之间的联系为基础的。“如果他们不看重……”“如果他们认为……”“如果他们相信……”以及“如果他们觉得……”都是我们在解答为什么人们不介入政治时借用过的措辞。而且，在这样做时，我们还明确地指出：人们的**所思所想**——他们的态度、他们的观点、他们的看法——都会左右他们的**所作所为**。[40]

在第六章，我们注意到一切政治体系都要发生变化，当然，这是一个宏观层次上的政治命题。说到微观层次，我们现在提出：个人的政治态度以及政治参与都要发生变化。尽管追踪每个人的政治态度和政治参与是根本不可能的，但有时在某些可以识别且重要的人群中，态度和参与却在发生显著的变化。

我们看到，在 20 世纪的后半段，在美国的非洲裔美国人、南非的黑人、以色列的巴勒斯坦人、一些国家的同性恋者和残疾人，以及美国和其他一些多头制国家的妇女中，都出现了一些看似戏剧性的变化。随着这些群体**内部**大量的个体在态度和行为上的变化，群体之外的许多人的态度和行为也发生了转变。例如，在 20 世纪五六十年代，很多非洲裔美国人变得更愿意站出来大声地维护他们的权利，而且在这样做时他们在政治上也变得更为积极。同时，美国白人也形成了一种对他们的黑人公民同胞的更为友善的态度，并开始采取相应的行动。尽管今天非洲裔美国人和美国白人对种族仍然持有一些不无问题的态度与保留意见，但是没有人可以令人信服地否认：自 20 世纪 50 年代以来，黑人与白人对于种族的政治态度和行为都发生了巨大的变化。

后物质主义年轻一代管窥

欧洲、日本和美国的年轻一代在价值观上的改变，是近来关于态度和行为变化的又一个例子。罗纳德·英格尔哈特（Ronald Inglehart）将其称为“后物质主义”。英格尔哈特发现，与这些国家的老一辈人将“物质上的富足和安全”奉为头等大事的物质主义价值观相反，年轻一代“更看重归属感、自我表现以及生活质量”，包括自然环境。英格尔哈特解释说，这是第二次世界大战后的长期繁荣所导致的变化。上一代人的价值观是在一个萧条与动荡的年代酝酿和成形的，而在第二次世界大战后出生的人则成长在一个相对富足与安定、激励新价值观形成和表白的年代里。这些年轻一代的政治行为牵连甚广。比如，在 20 世纪的最后 20 年里，美国共和党候选人获取政府职位的运气就好了起来，因而其民主党对手就不得不普遍采取一种更为保守的立场，以得到一个赢取职位的现实机会。[41] 再如，与那些低收入阶层的子女相比，中间阶层和中上阶层的子女更有可能参与到特定的政治抗议之中。这一发现，就与传统的阶级政治冲突模式以及许多政治学家的政治行为预期完全相反。

妇女状况详考

妇女，提供了又一个政治态度和倾向发生变化的惊人例子。自有历史记载以来，地球上所有地方的妇女都受男人的支配。例如，在英美习惯法中，已婚妇女不可以拥有个人财产：她全部的个人所有物在法律上都属于她的丈夫，正如这些所有物在她结婚之前属于她的父亲一样。她不得以自己的名义签署有约束力的契约，也不得立遗嘱。的确，根据 18 世纪后期出版的威廉·布莱克斯通（William Blackstone）的《释义》——一部对英国普通法的权威汇编所载：

> 在婚姻期间，妇女的存在或法律存在被中止了，或者至少被吸收、合并到了丈夫的法律存在之中；她要在丈夫的庇护、照顾和监管下做各种事情。[42]

在欧洲和讲英语的国家，尽管传统法律规范（如习惯法中的规范）的严酷性在 18 和 19 世纪因为立法或解读上的变化而有所缓和，但在 20 世纪初期，妇女仍然在许多方面受到了被法律和习惯所允许的歧视。迟至 1901 年，美国最高法院的一名法官仍然做出如下裁定："与一个男人的妻子通奸，即使获得了她的允许……也是对他的'人身权利和财产权利'的损害。"[43]

即便是所有别的多头政治制度在越来越多的国家完全建立起来之后，妇女的完全公民权利，特别是选举的权利和在公共部门任职的权利，仍然没有得到承认。正如我们在第八章看到的那样，事实上，多头制国家就是男性（在美国是白人男性）的多头制国家。即使是那些民主政府或共和政府的著名倡导者也不理会（或干脆漠视）妇女应该成为完全公民的要求。他们多半都采取了一种压倒性的看法，即妇女适合的角色是结婚、生育、家庭，而非政治。例如，约翰·洛克虽然主张“人人生而平等”，但他从未倡言妇女应获得投票权，而且还多多少少地把男人在家庭事务中必须拥有最后的决定权当成天经地义。[44] 让·雅克·卢梭（Jean Jacques Rousseau），有时被说成激进的民主主义者与平等主义者，但他也向妇女宣布（具有讽刺意味的是，是在为一篇关于人类不平等的根源的论文所写的题词中宣布的）：“你们这个性别的总量将会永远决定我们性别的总量”——但只是作为妻子和母亲，而非公民。[45] 虽然独立宣言信誓旦旦地声明，所有的人生而平等，然而它的主要作者托马斯·杰斐逊（Thomas Jefferson）却宣称“妇女必须永远被排除在公共的评议和职位之外，因为如果她们‘混杂在男人的集会之中’，就会导致‘道德的沦丧’”[46]。

我们虽然不可能追溯男人支配权的历史源头，却可以从男女的身体差异中找到一个貌似非常合理的解释。男人通常比妇女更重、更高，身体也更强壮，因而也比妇女更有能力通过武力、强制来实现他们的意志。而且，妇女生育和照顾小孩的角色也加剧了她们的脆弱性。妇女的从属角色一旦被确立起来，就会被习惯、传统、惯例和教义进一步强化。但除了暴力、强制、习惯和教义之外，妇女的从属角色还受到了法律的支持，而站在法律背后的正是国家权力。

就连心理学家和精神病学家（他们的好几代人大都是男的）也采取并因而强化了从男人的视角来解释妇女的倾向。著名理论家西格蒙德·弗洛伊德（Sigmund Freud）、让·皮亚杰（Jean Piaget）和埃里克·埃里克森（Erik Erikson）都“陷入了相同的观察偏见。他们含蓄地把男人的生活确立为标准，在阳刚之气的笼罩下来塑造妇女”。因此，他们在阐述自己的人类发展理论时，要么极少或干脆从不系统地关注女性，要么只大致上将女性的发展解释为男性发展模式的一种偏离而已。[47]

一些妇女公开提倡变革，这或许才是令人惊讶的。她们的反抗有助于让我们记起第六章的观察结果，即主流意识形态——男性支配无疑在任何地方都是一种主流意识形态——曾被一个政治体系中的所有成员接受的情形是罕见的，而且它也确实会遭到某些成员的反对。1792 年，一位英国女子玛莉·沃斯顿克雷福特（Mary Wollstonecraft）写了《为妇女权利辩护》一书。在美国，妇女积极参与了反对奴隶制的运动，并断定她们自身的权利也需要得到保护。1848 年，伊丽莎白·凯迪·斯坦顿（Elizabeth Cady Stanton）与卢克丽霞·莫特（Lucretia Mott）发起了妇女权利大会。紧接着，她们的事业就得到了妇女参政主义者特别是露西·斯通（Lucy Stone）和苏珊·B. 安东尼（Susan B. Anthony）的加盟。在英国，艾米琳·潘克斯特（Emmeline Pankhurst）于 1865 年组织了第一届妇女参政权利委员会。尽管妇女平等政治权利的提倡者常常会由于她们“不像女人”的行为而遭到奚落和嘲笑，偶尔还会遭到警察的粗暴对待，但她们却促进了法律（有时候还有宪法）的变革。这些变革，正如我们在第八章看到的，为所有民主国家的妇女赢得了平等的参政权和其他政治权利。[48]

然而，拥有了与男人相同的大部分政治权利并不意味着妇女在政治和经济生活中获得了与男人同等的影响力，或者意味着男女在政治倾向上的差异消失不见了。妇女的政治活动水平往往仍然低于男人。无论是因为歧视、妇女自身的态度、家庭责任，还是所有这些因素，在那些有着现代、动态与多元社会的国度里，男人在劳动力（从事无偿的家务劳动的妇女没有被算在劳动力或有收入的雇佣劳动力中），接受正规教育的年限，职业生活，以及在威望、收入、影响力更高的职位（包括选举为政府官员）等方面的数量上，仍然超过了妇女。而且，尽管存在着显著的例外，但在抗议活动中发出了自己声音的妇女还是相对很少，较之男人则更少了。至少从表面上看，在政治权利中的法律歧视被废止后，妇女以及男人好像大都已经承认了他们在机会上的其他差异是“自然的”。基于性别的歧视仍然在继续，不仅体现在私人部门，而且也体现在政府部门的许多方面。例如，迟至 1961 年，美国最高法院仍然裁定佛罗里达州的这样一条法律是可以接受的：在接到参加陪审团工作的通知后，男人必须参加，妇女则有选择的余地。[49]

但与此同时，越来越多的妇女逐渐认识到这些机会上的差异并不是合理的、不可避免的，而是不合理的、可以矫正的。这一进程始于 20

世纪60年代的美国并在之后的几十年里得到了增强。在美国，妇女所开展的运动导致了歧视性惯例的改变，也导致了妇女对她们自己以及对社会的态度的改变。[50] 在不存在男人潜在威胁的排他性的妇女团体中，“意识的增强”成为有助于妇女发现、发展新倾向的技术手段。[51] 在日本：

> 在20世纪70年代和80年代的前半段，处在婴儿出生高峰期的日本女性……专注于对她们的孩子的教育和为其孩子进入中学及大学的竞争。然而，在她们的孩子长大之后，这些妇女意识到了她们生活的空虚，她们的目光也就转移到了日本妇女和儿童的糟糕境况——特别是在福利和教育领域。这一意识转向在20世纪80年代引发了一波女性参与和行动主义的浪潮。[52]

同时，妇女开始大量地涌入劳动力大军之中。在许多国家，妇女的教育水平也有所提高。在一些国家，妇女的政治觉悟和行动水平已经接近甚至超越了男人。最后，在全世界许多国家，妇女在具有领导权和影响力的职位中的比例也提高了，尽管仍然比男人的比例要低一些。[53]

关于性别、种族、物质主义以及其他此类问题的态度和意识仍在继续演进。我们在本章中关于此类变化的陈述暗含了两个结论：

> (1) 根本的、持久的与似乎是坚如磐石的政治倾向确实在变化，这种变化有时还以惊人的速度出现在相应的政治行为中。
>
> (2) 当代人很少能预知政治倾向将要发生的根本性变化的性质，或者他们无法预知这些变化的时机、范围和强度，这些变化会怎样和在什么时候止息，以及这些变化对现存行为模式和对国家政策与政府机构的影响。

在美国和其他国家，人们的政治态度和行为都将发生进一步的根本变化。这对于本书读者来说，似乎是一生中确定无疑的事。然而，到底会发生怎样的变化，在哪里以及何时发生，我们却只能猜测。探查、表述和解释必将发生的态度与行为的变化，对于政治学家以及其他人类现象的观察家（包括本书的读者）而言，都将是一个永无休止的挑战。

注　释

［1］当然，有人可能会说这些罪犯是因为犯罪才被运到澳大利亚的，所以是他们自己选择了一种导致他们的影响力小得可怜的行动路线。尽管如此，他们一旦作为罪犯被运到澳大利亚，就几乎无法改变自身影响力有限的状况。

［2］正如我们已经提到的，虽然我们在第六章至第九章中强调了宏观层次的分析，但是我们也进行了一些微观层次的讨论。的确，刚提出的命题差不多就是我们在第六章提出的关于政治体系的两个相似命题的重申：**政治体系中的某些成员力图获得对政府所实施的政策、规则和决策的影响力，而另一些人却并不这样做；对于政府的影响力，在生活于某个政治体系的个人中间的分布是不均衡的**（参见本书第六章“政治体系的相似性”）。

［3］现存的证据过于零散以至于不能得出确定的结论，而且经典学者的说法也各不相同。据推测，雅典的公民有3～4万，为达成特定目的所需要的法定与会人数是6 000。但据估计，召开全体公民大会的普尼克斯山（the Pnyx）只有1.8万个席位。由此推断，有很大比例的雅典公民并不出席全体公民大会。这些数据引自C. M. 鲍拉（C. M. Bowra）：《古典希腊》（纽约：时代公司，1965），108页；H. D. F. 基托（H. D. F. Kitto）：《希腊人》（马里兰州，巴尔的摩：企鹅图书，1951，1957），131页。有关雅典政治生活是高度参与的和具有民主精神的观点，请参见约西亚·奥伯（Josiah Ober）：《民主雅典的大众与精英》（新泽西州，普林斯顿：普林斯顿大学出版社，1989）。

［4］例如，在康涅狄格州的纽黑文市，这个问题似乎是由来已久的。在1642年，殖民地常设法院（the General Court of the Colony）表决：“任何自由人在获得应该到达法院的警告后，若在秘书完成点名之前未出现在常设法院，就得被罚款1先令加6便士；而且任何的种植园主如果在被点到名的时候不在场，就要被罚款一个先令。最初几年的新鲜感随着时间的推移慢慢地消逝了。在许多人看来，出席常设法院似乎也变成了一种累赘。”一个世纪之后，这个问题仍然没有解决。查尔斯·H. 利弗莫尔（Charles H. Levermore）：《纽黑文市的共和制》（马里兰州，巴尔的摩：约翰霍普金斯大学出版社，1886），44页、231页。

［5］一些国家的各种形式的参与比例可以参见罗纳德·英格尔哈特：《先进工业社会中的文化变迁》（新泽西州，普林斯顿：普林斯顿大学出版社，1989），第10章；小C. 宾厄姆·鲍威尔（C. Bingham Powell Jr.）：《比较视角下的美国投票率》，载《美国政治科学评论》，第80期（1986年3月），18～43页；悉

尼·维巴、诺曼·H. 尼（Norman H. Nie）和杰-昂·金（Jae-on Kim）：《参与和政治平等：七个国家比较》（英国，剑桥：剑桥大学出版社，1978）；加布里埃尔·A. 阿尔蒙德和悉尼·维巴：《公民文化》（波士顿：利特尔 & 布朗公司，1965），表 11—5，56 页；戴维·P. 孔拉特（David P. Conradt）：《改变德国的政治文化》，见阿尔蒙德和维巴编：《公民文化再考察》（加利福尼亚州，纽柏里公园：赛捷出版公司，1989），图 VII. 16，“比较视角下的德国政治参与，1974 年”，249 页；艾伦·玛什（Alan Marsh）和麦克斯·凯瑟（Max Kaase）的《度量政治行动》，57～96 页，以及玛什和凯瑟的《政治行动的分配》，167～201 页，见塞缪尔·H. 巴恩斯（Samuel H. Barnes）和凯瑟编：《政治行动：五个西方民主国家中的大众参与》（加利福尼亚州，贝佛利山庄：赛捷出版公司，1979）；维巴、凯伊·勒赫曼·施洛茨曼和亨利·E. 布拉迪：《声音和平等：美国政治中的公民自愿主义》（马萨诸塞州，剑桥：哈佛大学出版社，1995），图 3-2，“比较行动率：五个国家”，70 页。对于美国在 40 多年里不同政治行动中的参与变化的更好的总结，请参见诺曼·R. 鲁特贝格（Norman R. Luttbeg）和迈克尔·M. 甘特（Micheal M. Gant）：《美国人的选举行为，1952—1992》，第 2 版（伊利诺伊州，依塔斯加：皮考克公司，1995）题为“政治参与：1952—1992”的表格。最后要说的是阿伦·李帕特 1996 年在美国政治协会上的主席致辞的题目，这示意了他对政治参与率变化的认识和关注。尽管李帕特的致辞主要涉及选举，但他也注意到了政治体系中其他许多政治参与形式的变化，并且援引了很多的相关研究。参见《不平等的参与：民主的未解难题》，载《美国政治科学评论》，第 91 期（1997 年 3 月），1～14 页。

［6］罗伯特·E. 雷恩（Robert E. Lane）在《体验金钱和体验权力》一文中，把金钱与权力作为两种不同的获得满足和快乐的来源并进行了比较。见伊安·夏皮罗与格兰特·瑞赫尔编：《权力、不平等和民主政治》（科罗拉多州，博尔德与伦敦：韦斯特乌出版社，1988），80～105 页。也可以参见莱恩：《市场体验》（英国，剑桥：剑桥大学出版社，1991），特别是其中的第七部分，“效用与幸福”，423～589 页。

［7］悉尼·维巴和诺曼·H. 尼：《美国的参与》（纽约：哈珀与罗出版公司，1972），49 页。该段与接下来的一段所描述的这两种参与之间的区别出自维巴和尼的讨论。另外，维巴、施洛茨曼以及布拉迪的《声音和平等：美国政治中的公民自愿主义》提供的有趣资料也表明，不同的政治行动被美国人用来追求不同的利益。例如，公开抗议与直接接触政府官员相比，后者更有可能涉及

作者所称的“人类基本需求”（如失业问题、无家可归、医疗保健）；相反，前者更有可能以堕胎、环境和教育等议题来作为其主题。参见 84～91 页，特别是 88 页表 3.8。

[8] 集体物品是“一旦群体 X_1，$\cdots X_i$，$\cdots X_n$ 中的任何成员 X_i 消费了，就不能不被那一群体的其他成员消费的任何物品”。小曼库尔·奥尔森（Mancur Olson Jr.）：《集体行动的逻辑：公共物品和群体理论》（马萨诸塞州，剑桥：哈佛大学出版社，1965），14 页。

[9] 阿尔蒙德和维巴：《公民文化》，48 页，表 11.3。

[10] 美国选民的投票与其关注度之间的关系，是由安古斯·坎贝尔（Angus Campbell）、菲利普·E. 康弗斯（Philip E. Convers）、瓦伦·E. 米勒（Warren E. Miller）、唐纳德·E. 斯托克斯（Donald E. Stokes）在其经典研究中首先提出来的，见《美国选民》（纽约：约翰·威利父子出版公司，1960），104 页。他们的著作问世之后，一些学者认为，美国选民对“哪个政党获胜”的关注度的下降很大程度上导致了总统选举中的投票率的减少。然而，其他学者却指出，由于关注度和投票率之间的关系不是绝对的，关注度的下降也不是绝对的，所以必须参考更为重要的因素。参见保罗·R. 艾布拉姆森（Paul R. Abramson）、约翰·H. 奥德里奇（John H. Aldrich）：《美国选举参与的下降》，载《美国政治科学评论》，第 76 期（1982 年 9 月），519 页，以及卡罗·A. 卡塞尔（Carol A. Cassel）、罗伯特·C. 罗斯金（Robert C. Luskin）：《投票率下降的简单解释》，载《美国政治科学评论》，第 82 期（1988 年 9 月），1325 页。近来，史蒂文·J. 罗森斯通（Steven J. Rosenstone）与约翰·马克·汉森（John Mark Hansen）的《美国的动员、参与和民主》（新泽西州，恩格尔伍德克里夫斯：普伦蒂斯-霍尔公司，1993），以及瓦伦·E. 米勒（Warren E. Miller）和 J. 迈瑞尔·闪克斯（J. Merrill Shanks）的《美国新选民》（马萨诸塞州，剑桥：哈佛大学出版社，1996）中的发现表明：个人对总统选举结果的关注度和兴趣**确实**对投票率有很大的影响。参见罗森斯通和汉森：《美国的动员、参与和民主》（131 页），米勒和闪克斯：《美国新选民》（113 页，表 5.11）。罗森斯通和汉森指出，在 1956—1988 年的选举中，说自己关心选举的人与那些说自己不关心选举的人相比，前者的投票率比后者要高出 6.4％。

[11] 关于九个国家中选民的政治效能感对于投票率的影响，参见鲍威尔：《美国的投票率》，30 页，表 4。甘特和鲁特贝格指出，认为自己“没有发言权”的美国人有 65％参加了投票，与之相比，认为自己“有发言权”的人有 81％参

加了投票（104 页，表 3－3）。美国另外的相关资料，参见罗森斯通和汉森：《美国的动员、参与和民主》，79 页和 143 页。

［12］选举的一边倒会减弱人们参加投票的动机，竞争的旗鼓相当会增强人们的动机。这种假设由来已久，也是学者们不断研究和分析的一个问题。1930 年，哈罗德·F. 戈斯耐尔（Harold F. Gosnell）在《欧洲为什么投票》（芝加哥：芝加哥大学出版社，1930）中指出，英国的选举证明了这一假设，见该书第 14 页。坎贝尔等人在他们的专题研究中发现，这一假设在美国的总统选举中也同样成立（《美国选民》，516～519 页）。然而，后来的研究却表明，在那些旗鼓相当的选战中，竞选的开销也在增加。大概是更大的开销导致了更高的投票率；而且，有时候也很难在竞选开销影响和预期投票率接近之间进行区分。尽管如此，在美国选举的势均力敌似乎确实对选民的投票动机有些影响。例见塞缪尔·C. 帕特森（Samuel C. Patterson）和格雷戈里·A. 卡尔德拉（Gregory A. Caldeira）：《找出选票：州长选举中的政治参与》，载《美国政治科学评论》，第 77 期（1983 年 8 月），675～689 页；盖瑞·W. 考克斯（Gary W. Cox）和迈克尔·C. 蒙格尔（Michael C. Munger）：《1982 年美国国会选举中的竞争均势、选举开销和投票率》，载《美国政治科学评论》，第 83 期第一部分（1989 年 3 月），217～231 页。甘特和鲁特贝格（104 页）指出，在 1992 年的美国选举中，期望选举旗鼓相当的人有 78%参加了投票，而不期望如此的人只有 69%参加了投票。罗恩·夏沙（Ron Shachar）和巴里·内勒巴夫（Barry Nalebuff）坚持认为，预期均势会影响投票率，但这多半是通过政党领导人找出选票的努力来实现的：政党领导人越是预期选举难分高下，他们和他们的组织就越要努力地挖掘选票。他们的报告题目巧妙地抓住了这一点：《跟随领袖：政治参与的理论与根据》，载《美国经济评论》，第 89 期（1999 年 6 月），525～547 页。然而，这种关系在其他国家起作用的程度却不太清楚。参见鲍威尔：《美国的投票率》，以及罗伯特·W. 杰克曼（Robert W. Jackman）：《工业民主国家中的政治机构和投票率》，载《美国政治科学评论》，第 81 期（1987 年 6 月），405～424 页。

［13］阿伦·李帕特注意到，在不太引人注目的所有选举中的投票率，都要比在议会制国家的国会选举和分权制国家的总统选举中的投票率要低一些。不太引人注目的选举，包括对次国家职位（如市长、州长、州议会和学校理事会成员）的选举、超国家实体（如欧洲议会等）的选举，当然，还有分权制下在没有总统竞选的年份中的国家立法机构（如美国国会）的选举。据李帕特所说，美国的地方选举的投票比例大约为 25%，与之相对的是总统选举中的 50%～

55%。澳大利亚、新西兰和加拿大的地方政府选举的投票比例分别为 35%、53%和 33%，也都低于其国会选举中的比例。参见《不平等的参与》，5～7 页。

［14］罗伯特·A. 达尔和爱德华·R. 塔夫特（Edward R. Tufte）：《规模与民主》（加利福尼亚州，斯坦福：斯坦福大学出版社，1973），53～65 页。

［15］坎贝尔等：《美国选民》，516～519 页。

［16］达尔和塔夫特：《规模与民主》，54 页，表 4－8。

［17］史蒂文·J. 罗森斯通和雷蒙德·E. 沃尔芬格（Raymond E. Wolfinger）：《谁来投票？》（康涅狄格州，纽黑文：耶鲁大学出版社，1981）。鲍威尔从对九个国家的比较研究中得出结论："假如美国采取自动登记或类似的制度，投票率就可能增加 14%"（《美国的投票率》，35 页）。

［18］李帕特：《不平等的参与》，7～8 页。

［19］雷蒙德·E. 沃尔芬格、戴维·P. 格拉斯（David P. Glass）和佩维利尔·斯奎尔（Peverill Squire）：《投票率预言家：国际化的比较》，载《政治研究评论》，第 9 期（1990 年春），551～574 页。根据沃尔芬格等人的说法，"登记制度是关键的障碍"，它阻碍了美国人像其他现代多头制国家的公民那样可以就近投票并达到相同的比例。

［20］维巴和尼：《美国的政治参与》，50～51 页。

［21］史蒂文·J. 罗森斯通和约翰·马克·汉森：《美国的动员、参与和民主》（纽约：麦克米伦出版公司，1993），26 页。

［22］直接参与和间接动员的例子都来自罗森斯通和汉森：《美国的动员、参与和民主》，26 页。

［23］维巴、施洛茨曼和布拉迪：《声音和平等：美国政治中的公民自愿主义》，15 页。

［24］理查德·A. 布洛迪（Richard A. Brody），转引自罗森斯通和汉森：《美国的动员、参与和民主》，3 页。

［25］维巴、施洛茨曼和布拉迪：《声音和平等：美国政治中的公民自愿主义》，50 页。正如三位作者所指出的，本书图 10－1 中的"报道的投票率被夸大了"，因为在上述调查之前的总统选举中只有大约 50%的合法选民参加了投票（50 页，脚注 2）。但这种对各类政治活动的夸大，似乎并未损害作者对于各类政治活动之间差异的概括。在本书图 10－2 中，投票比例是根据实际的投票率计算出来的，而其他数据都是自我报告的。

［26］维巴，施洛茨曼和布拉迪：《声音和平等：美国政治中的公民自愿主义

义》，84 页。

［27］关于各类国家与参与有关的特征，参见英格尔哈特：《文化变迁》（12 国），以及鲍威尔的《美国投票率》（11 国）。还可见维巴、尼和金：《参与和政治平等》。维巴和尼发现，与在其他 9 个国家相比，在美国社会经济地位和参与之间有着更高的相关度（《美国的参与》，340 页，表 20－1）。然而，社会经济地位只能解释总体差异中的不到 1/5，还有 80％甚至更多的差异没法解释。而且，罗森斯通和沃尔芬格在《谁来投票?》中也指出：在选举中，教育水平肯定是社会经济地位最重要的组成部分。事实上，他们发现，在教育水平相同的人们中间，职业和收入是无关紧要的。还可见维巴、施洛茨曼和布拉迪：《声音和平等：美国政治中的公民自愿主义》，第 7 章和第 8 章。

［28］读者应当还记得我们在第二章的忠告：没有关于权力和影响力的标准术语；对这些概念的含义的诠释是模糊的。尽管在这里关注的是努力获得对政府的影响力，但有关这一主题的讨论（下面会提到一部分）或许更明确地是在说“统治权”，或许还延伸到了更为宽泛的、谋求在任何领域中的“权力”。在下面的部分，当条件许可时，我们将使用作者的用法。

［29］采纳这种论点的政治哲学家包括柏拉图，他描述了苏格拉底和忒拉叙马科之间就这一主题而展开的一场有趣的辩论。参见 G. M. A. 格鲁比（G. M. A. Grube）译：《柏拉图的理想国》（印第安纳州，印第安纳波利斯：哈克特公司，1974），342d～573c 行。

［30］心理学家，如让·皮亚杰及其追随者，通过认真观察儿童得出结论：儿童的“自我”是通过特定的阶段自然发展而来的。参见皮亚杰：《儿童的道德判断》（纽约：自由出版社，1948），以及埃里克·埃里克森：《童年与社会》（纽约：诺顿公司，1950）。心理学家劳伦斯·科尔伯格（Lawrence Kohlberg）进而认为，人类具有通过一定的阶段来发展其道德理解的内置意向（built-in predisposition），参见他的《道德发展的哲学》，第 1 卷（旧金山：哈珀与罗出版公司，1981）。关于他对发展阶段的概括，参见 17～20 页。

［31］加德纳·墨菲（Gardner Murphy）：《社会激励》，见 G. 林德泽（G. Lindzey）编：《社会心理学手册》，第 2 卷（马萨诸塞州，雷丁：艾迪生-韦斯利出版公司，1954），625 页。

［32］维巴、施洛茨曼和布拉迪的特别具有相关性的讨论，出现于《声音和平等：美国政治中的公民自愿主义》22～23 页，而“他们自己从事政治活动的许多理由”一语引自读书第 22 页。第 115 页的表 4.1 所列数据，罗列了如政治

活动家所言的曾获得过的四种“满足感”，以及不同的政治活动所导致的每一种“满足感”的出现率。

[33] 最近有两部讨论理性选择方法的政治学名著，一部是唐纳德·P. 格林（Donald P. Green）和伊安·夏皮罗的《理性选择理论的病理学》（康涅狄格州，纽黑文：耶鲁大学出版社，1994），另一部是杰弗里·弗里德曼（Jeffrey Friedman）编：《关于理性选择的争论：再议政治的经济学模式》（康涅狄格州，纽黑文：耶鲁大学出版社，1996）。弗里德曼的书是一部由一些相对较短的论文构成的集子，写这些论文的政治学家试图反驳、支持甚至补充格林和夏皮罗对理性选择理论的高度批评性的评价。关于理性方法理论以及它在现代政治分析中的“出现”的简要评论，可参见《一种新的政治科学?》，载《伍德罗·威尔逊季刊》（2000年冬），71～72页。

[34] 忒拉叙马科在这里指的是柏拉图的《理想国》中与苏格拉底辩论的一个人物，霍布斯、边沁和马克思都是过去几个世纪里名声赫赫的政治哲学家。

[35] 神经生物学家安东尼奥·R. 达马西奥（Antonio R. Damasio）根据大脑运行的迹象提出，人们即使是在进行高度抽象的推理时，他们的“理性”也从未以独立于人体“细胞”体系的情感因素的方式起作用。参见《笛卡儿的错误：情感，理性与人类大脑》（纽约：阿文图书，1994）。

[36] 哈罗德·D. 拉斯韦尔：《权力与个性》（纽约：W. W. 诺顿，1948），第3章，“政治个性”。虚弱补偿的概念后来被用于描述“独裁个性”。这类个性的特点之一被说成了“权力情结”，这种情结产生于“当某个人被迫服从于权力……对此他并不十分情愿”，并因而“落下了一种怨天尤人的虚弱感的时候。由于承认这种虚弱感就等于伤害自尊，那么他就尽一切努力来否定它——有时是将这种虚弱感投射到外人集团身上……或者运用过度补偿机制（over-compensation），力图向世界展示其**有权和强悍**的一面”。内维特·桑福德（Nevitt Sanford）：《当代视角中的独裁个性》，见珍妮·N. 克努特森（Jeanne N. Knutson）编：《政治心理学手册》（旧金山：乔西-巴斯出版公司，1973），145页。

尽管我们在第五章已经区分了“影响力”和“权力”，我们还是要提醒读者，许多政治学家和社会学家在对这两个术语的用法上还是与我们有些不同。对有些人来说，“权力”实际上就是“影响力”的同义词。

[37] 亚历山大·乔治（Alexander George）和朱丽叶·L. 乔治（Juliette L. George）：《伍德罗·威尔逊与豪斯上校：个性研究》（纽约：J. 达伊公司，1956）。

［38］关于“权力动机”或“权力需求”的测量方法及其相关应用的描述，参见戴维·C. 麦克里兰（David C. McClelland）：《人类动机》（伊利诺伊州，格兰威：史考特，弗里斯曼公司，1984），第 8 章，268～332 页。

［39］关于用一种不同的框架来解释政治参与的差异以及为什么一些人能比别人获得更大的影响力，参见维巴等的《声音与平等》，3 页和 15～16 页。维巴及其同事提出了一种基于两个主要因素的政治参与概念：“参与政治生活的**动机**与**能力**”（第 3 页）。此外，他们还提出了一种三重解析法：资源、约定和招募（第 16 页）。我们在这里和本章别处的分析似乎与维巴等人的分析大体一致，尽管我们没有使用完全一样的构想，也不太强调他们所称的“招募”。然而，我们应当注意到维巴等人对各种政治活动或政治参与（从选举投票到竞选捐献，再到为他人的竞选工作）都给予了广泛的关注，而我们在本节中却只致力于解释为什么政治阶层的一些个人能在“最有权势者”中占据一席之地。

［40］现代政治分析包括许多揭示态度、信仰与政治行为之间联系的研究。不妨引用两个例子吧。在《发达工业社会的文化变迁》中，英格尔哈特一方面指出了“物质主义”价值观与“后物质主义”价值观的联系，另一方面又将它们与发生在德国、荷兰、美国的政治抗议联系了起来（第 313 页，表 9-8）。他还指出了价值观和投票行为之间的类似联系（第 307 页，表 9-7）。小 V. O. 克伊（V. O. Key. Jr.）的一部早期著作也证实，选民在 1936—1990 年间的美国总统选举中往往会根据他们对议题的判断和对政策的偏好来投票。也就是说，他们支持或反对某个候选人的依据是他们自己的政策偏好以及他们关于哪个政党的候选人会推动其政策偏好的判断。见《负责任的选民；总统选举中的理性 1936—1960》（马萨诸塞州，剑桥：哈佛大学出版社，1966）。

我们还应注意到，尽管态度肯定能影响行为，但这种关系也可以反过来说。人们看到不同的个人都以特定方式作出行为。观察这种行为，甚至亲自从事这种行为，都可能改变他们对这种行为的想法，包括对他们是否认为这就是一种合适的行为方式的想法。例如，在 20 世纪 60 年代的美国，关于一个又一个的特殊问题的观点交锋，就以大众示威、抗议、游行的形式而变成了一种普遍的行为。这样的特殊问题有：美国卷入越南战争；基于种族、性别和性倾向的各种歧视；贫穷在美国的不断扩大；预备役军官训练营在大学校园的出现；民主党推选其总统提名人的方式，等等。到 20 世纪 60 年代末，那些最初不赞同这类活动且他们自己肯定也不示威和抗议的人，也出现在了街头。这样，行为似乎影响到了人们关于什么是合适的政治行为的态度，反过来大概又影响到了随后的政治行为。关于法律判定、态度和行为相互作用的富有启发的讨论，参见乔纳森·D. 卡斯帕尔（Jonathan D. Casper）：《关于公民自由的政治》（纽约：哈珀与罗出版公司，1972），6～10 页。

［41］英格尔哈特第一次报告他的发现是在《欧洲的无声革命：后工业社会中代际关系的变化》，载《美国政治科学评论》，第 65 期（1971 年 12 月），991～1017 页；还有《无声的革命：西方公众的价值观和政治风格的变化》（新泽西州，普林斯顿：普林斯顿大学出版社，1977）。他发现，后来的调查证实了这一趋势，尽管经济增长已经放缓。参见《不安全环境中的后物质主义》，载《美国政治科学评论》，第 75 期（1981 年 12 月），880～900 页，以及《发达工业国家中的文化变迁》。

［42］转引自 J. W. 埃利奇（J. W. Ehrlich）：《埃利奇的布莱克斯通》（纽约：卡普里孔图书公司，1959），83 页。

［43］《廷克尔上诉科威尔》，1904 年美国最高法院判例（*Tinker v. Colwell*, 193U. S. 473，481，1904）。转引自罗杰斯·M. 史密斯（Rogers M. Smith）：《"一个联合起来的民族"：二等女性公民的资格与美国人对共同体的追求》，载《耶鲁法律与人文杂志》，第 1 期（1989 年 5 月），229～293 页，引文在第 269 页。另见，罗杰斯·M. 史密斯：《美国历史上相互冲突的公民资格愿景》（康涅狄格州，纽黑文：耶鲁大学出版社，1997）。

［44］"丈夫和妻子，尽管他们有一个共同的关切点，但也会有不同的理解，有时还会不可避免地具有不同的意愿。因此，只要有需要，最后的决定，即裁决，就得由其中的一个人来做出。这个任务自然就落到了更能干、更强壮的男人身上。"约翰·洛克：《政府论（下篇）》，收录于《政府论（上下篇）》（1690），彼得·拉斯勒特（Peter Laslett）编（英国，剑桥：剑桥大学出版社，1970），339 页（第 82 段）。他的主张"人人生而平等"，参见 322 页第 54 段，以及 287 页第 4 段。

［45］《论不平等的起源》（1754），收录于让·雅克·卢梭：《社会契约论，论不平等的起源，论政治经济》（印第安纳州，印第安纳波利斯：哈克特公司，1983），111～112 页。

［46］转引自史密斯：《一个联合起来的民族》，31 页。

［47］卡罗尔·吉利根（Carol Gilligan）：《以一种不同的声音：心理学理论与妇女的发展》（马萨诸塞州，剑桥：哈佛大学出版社，1982），6 页及其后各页。

［48］参见本书第八章关于政治权利与公民权利（公民自由）之间的相关区分，84 页。

［49］《霍伊特上诉佛罗里达州法院》，1961 年美国最高法院判例（Hoyt v. Florida，368 U. S. 57，1961）。

［50］然而，一位法国作家西蒙・德・波伏娃（Simone de Beauvoir）做了一件影响力非凡的工作。她于 1949 年在法国出版的《第二性别》一书于 1953 年在美国出版（H. P. 帕什利编译，纽约：科诺夫公司出版），并在这里大获成功。这本书出版十年之后，贝蒂・弗里丹（Betty Friedan）又推出了一部力作——《妇女的奥秘》（纽约：诺顿公司，1963），而后面的这本书似乎一度成了刚刚崛起的美国女权主义运动的基础教科书。

［51］详细的描述，请参见凯瑟琳・A. 麦金农（Catharine A. Mackinnon）：《迈向女权主义的国家理论》（马萨诸塞州，剑桥：哈佛大学出版社，1989），第 5 章，“意识的增强”，83～105 页。

［52］岩本美纱子（Misako Iwamoto）：《麦当娜的繁荣：20 世纪 80 年代日本妇女在参与政治上的进步》，载《PS：政治科学与政治》，XXXIV 期（2001 年 6 月），226 页。

［53］这些变化，在不同国家和不同领域是高度不均衡的。美国在 1980 年有 59.7%的 15 岁及以上的妇女是劳动力人口；相比之下，在 1998 年则为 71.3%。相应地，西班牙的数字是 32.2%和 47.8%，日本是 54.8%和 63.9%，爱尔兰为 36.3%和 52.6%（美国人口局：《美国统计要览：2000》，哥伦比亚特区，华盛顿：美国政府印刷所，2000，839 页，表 1 379）。美国在 2001 年有 70.8%的 16 岁及以上的男人为工作人口，而同时期妇女中的工作人口比例为 57.3%（美国劳工部，劳工统计局：《就业和收入》，在线网址为 ftp://ftp. bls. gov/pub/special. requests/lf/aat2. txt. 2002－06－12）。在美国，1959—1960 年，男人所获得的学士学位数为 254 063 个，妇女为 138 377 个；男人获得的博士学位数为 8 801 个，妇女为 1 028 个。相比之下，1999 年和 2000 年相应的数字分别为 530 367 个与 707 508 个，25 028 个与 19 780 个（美国教育部：《教育统计要略 2001》，华盛顿，哥伦比亚特区，2002。在 1987 年，美国男人的平均收入为 28 245 美元，妇女为 18 192 美元；1999 年的相应数字为 41 406 美元和 29 369 美元（美国人口局：《当前的人口调查进展》，“历史上人们的收入图表”，在线网址为 http://www. census. gov/hhes/income/histinc/P36E. htm. 2002－06－12）。在 1980 年、1982 年、1984 年、1986 年、1988 年、1990 年以及 1992 年的美国

全国大选中，妇女的投票比例稍高于男人，而在此前的选举中妇女的投票比例却一直落后于男人（鲁特贝格和甘特：《美国人的选举行为：1952—1992》，113页）。

最后，到20世纪90年代末为止，各个多头制国家的妇女在选任政府职位中的比例虽然各不相同，但在一些国家，这个比例已经有了很大程度的提高。据亚瑟·S. 班克斯（Arthur S. Banks）和托马斯·C. 穆勒（Thomas C. Muller）编：《世界政治手册1999》（纽约，宾汉姆顿：CSA出版公司，1999）所载：法国国会下议院的妇女比例为11%，这个数字几乎是1997年选举之前的两倍（337页）；1997年，英国国会下议院18%的席位和内阁中的5个席位被妇女占据（1015页）；在20世纪90年代末的哥斯达黎加，立法委员会中的19%的席位被妇女占据（235页）；1996年的新西兰国会选举中，29%的国会席位由妇女占据（702页）；挪威在1997年有1/3的国会议员为妇女，在1999年妇女占据了18个内阁席位中的8个（731页）；还有瑞典，它在1999年有高达42%的国会议员为妇女（935页）。与之形成对照的是，日本在1996年的下议院选举中仅将4.6%的席位给予了妇女（502页）；在印度，据估计妇女也仅仅占据了选任的国家职位和国会职位的5%（433页）。

第十一章
政治评价

在本书的第一部分，我们阐述了支撑现代政治分析主要部分的**概念性**原理，并分析和探究了诸如影响力、政治、政治体系、政府和国家等概念。在第二部分，我们提出了关于政治体系的若干命题。这些命题得到了政治学家对**经验**现实之研究的支持。比如，“现代、多元与动态的社会比其他类型的社会更有可能形成与保持民主的政治体系”，就是这样的一个命题。另一个这样的命题是：“如果某个社会的人们持有一套亲民主的政治态度（也即：如果他们有一种民主的政治文化），那么，他们的政治体系就更可能是一种多头制”。在本章中，我们将把注意力转向政治学家所称的**规范**分析，并论述政治评价的基础，其典型要素包括：**概念分析**（conceptual analysis）、**经验分析**（empirical analysis）与**规范分析**（normative analysis）。

规范分析、经验分析与概念分析

让我们首先来区分经验分析与规范分析。从根本上说，经验分析要解答**是**什么，规范分析则要解答**应当是**什么。“世界上大约 1/3 的民族政治体系是多头制的”，这就是一个经验陈述，表示的是在由国家组成的世界上多头制的出现比例。相反，“美国政府应该努力在其他国家培育多头制”，则是一个规范陈述，因为它回答的是一个特定的政府究竟**应该**或**本当**做什么的问题。有时候，规范陈述也以**价值判断**（value judgement）或**道德判断**（moral judgement）而为人们所知。

概念分析或概念假定，经常地或许还总是镶嵌在经验的与规范的陈述之中。“多头制”这个概念出现在了上个段落打上引号的两个陈述之中；“政治体系”首先出现在第一个陈述中，而“政府”和“国家”则现身于第二个陈述。早在第四章和第八章，我们就曾对这些术语进行过概念分析。如果没有先前的分析或借助别的资源来理解过这四个概念，这两个打上引号的陈述的重要意义就会被削弱，而且还会使其含混难解甚或变得莫名其妙。

规范分析与经验分析是如何关联的

一眼看去，区分规范分析与经验分析好像并不困难。然而，它比我们刚才所做的却要复杂得多。这是因为：其一，关于政治的陈述通常包含着规范的和经验的双重成分；其二，即使是纯经验的研究或纯经验的陈述也无一例外地具有其规范的关切，从而把人们的注意力引向正在加以述说的经验世界的那个特定的部分。下面，就让我们分别来阐释这两个观点。

先来考虑这个陈述：“政府应该制定一个普遍的健康保险规划。”[1]乍一看，这样的陈述好像是规范性的。但更仔细地思量一番，你就会发现这个陈述暗含着两个假定：一是，身体健康对人类而言是一个合意的目标；二是，普遍的健康保险可以促进人类的健康。第一个镶嵌或暗含的假定主要体现了规范的特点，第二个则是经验的。于是，这个打上引号的陈述包含着规范的和经验的两种要素。这在关于政治的陈述中并不罕见，而在关于某个政府应该推行什么政策的陈述中则尤其如此。

规范要素与经验要素的混合在所有种类的政治评价中都是屡见不鲜

的。比如，“我愿意艾莉森成为美国总统”，这个陈述就可能是这样。它同时隐含着：“我”宁愿美国总统奉行何种类型政策的规范判断，以及假如艾莉森成为美国总统，她可能取得何等成就的经验判断。

规范考虑与经验陈述或调查，还有另一种相互作用的方式。考虑一下第九章中我们对五个条件的讨论。在现代政治分析中，我们发现这些条件有助于多头政治体系的成长。如我们已经说过的，第九章的分析是经验的：它是由关于真实的政治世界或关于“什么是”的多个陈述或命题组成的。然而，我们在第九章中对那些经验发现的表述以及更早在第八章中对多头制构成问题的讨论，却都来源于我们的规范判断。这个判断为大多数当代政治学家或许还有本书的大多数读者所共享，即：民主是评价政治体系的一个重要标准。确实，我们相信多头制**应该**是世界各国运作政治的唯一方式。所以，我们对多头制的规范偏好引导我们和别的政治学家力图去理解什么条件使一些政治体系出现多头制而别的却没有的有关经验事实。如果我们不曾想到民主对人们生活的紧要作用，我们和别的政治学家就不会花那么多时间和精力去探究民主的基本特征，以及民主因何而成等问题。

在第十章，我们从政治体系的宏观分析（基本上的）转到了对个人政治参与的微观分析（基本上的）。对个人政治参与的研究来源于一套相同的规范关切，即我们在对促成多头制的条件进行宏观分析时表达的那些关切。我们关于民主的理想概念包括公民能够平等地参与政治或至少具有平等的机会去那么做。[2] 反过来说，关于为什么某些个人能比其他人更多地参与政治的经验命题——如同我们在第十章所总结的那样——也有助于人们理解导致某些人的政治参与比在一个运行理想的多头制下**应该**有的参与要少的种种障碍和条件。而且，这一基于经验的理解，对于设计一种在一个国家的所有治理方面都更接近机会平等理想的多头政治体系，也能够有所帮助。可见，尽管我们在第十章对政治参与的讨论是经验的，但那里的经验分析也是以规范考虑为基础的，或者说是被规范分析所激发出来的。如同关于什么条件可以促成不同政治体系中的民主的经验论著所显示的那样，我们发现规范分析和经验分析的严格区分好像并不是人们一眼就能看得分明的。

我们早先就说过，本章将专注于规范分析，而且这也确实是我们正在做和将要做的。但是，我们应该注意，这并不是我们第一次在本书中提出规范议题。在第五章快要结尾时，当我们说大多数人认为某些影响力形式在道德上比别的形式更可取时，我们就在表达规范的关切，即使我们并没有在当时就强调这一点或使用“规范”这个术语。在当时，我们虽然没有说清楚，却引入了一个根本的方法来阐释和理解世界：世界是由人类居住的一个地方，而人类可以作出关于什么更好和什么更糟的判断，也即可以作出道德的、伦理的、规范的判断和评价。

一如我们在第五章的讨论中所暗示的那样，影响力形式的不同会不可避免地激发出政治评价。例如，说服和操纵的区分或强制与非强制的区分对我们都很重要，因为我们对某些影响力形式的评价要好于或坏于别的形式。同样，对政治体系之间差异的评价也是一样的。如我们已经表明的，政治学家将多头制区别于非多头制，主要是由于我们认为这一区分重要，因为我们相信在世界各国的治理上多头制比非多头制更为可取。我们信奉这一点，至少部分地是因为：在多头制政治中，更可取的影响力形式，比如说服，发挥着更大的作用；而在非多头制中，更不如意的影响力形式，比如暴力和强制等，发挥着更大的作用。于是，我们进行评价的愿望促使我们作出概念的与规范的区分，**并且**进行描述和解释——也就是从事经验分析——以确定那些导致某种政治行为、行动、信仰和体系的条件。

关于规范政治分析的三个要点

(1) **在政治研究中，科学方法的更大范围与更为复杂的使用并没有削弱规范分析或经典政治哲学的价值。**

在20世纪，特别是在其后半段，许多政治学家在他们关于政治的经验研究中更加自觉地采取了科学的立场。他们的许多做法——清晰地陈述将要验证的假设，清楚地界定核心概念的含义，小心仔细地观察和测量相关的变量，用日益精致的定量技术来分析数据——都标志着以“行为主义”[3] 著称的科学方法在政治研究中的运用。

没有明显的理由表明，为什么在政治研究中科学方法与规范取向是根本不相容的。每种方法都可以丰富别的方法。如果没有经验导向的分析所提供的对现实的测绘，规范分析就容易变得缺乏说服力或干脆分文不值。如果对政治哲学家（即我们通常对那些从事规范政治分析的人的称呼）特意提到的某些根本性问题失去关切，不论是古代的还是当代的，经验分析就有沦落为浅薄之谈的危险。

“经典政治哲学”包括亚里士多德、柏拉图、马基雅弗利、霍布斯、洛克这些伟人的著作。他们的分析和见解继续吸引着人们的眼球，就是在从事现代政治分析的人中间也可以不时博得真心实意的信奉。戴维·R. 梅休（David R. Mayhew），这位当代政治学家表示，经典政治哲学在规范意义上的重要性自不待言，而就从事经验政治分析而言，其重要性也许还有过之而无不及呢。梅休还特别指出，经典政治哲学强调了政治生活的特定方面，而且在这样做时还塑造了政治学家迄今进行经验研究的那些先入之见。[4] 正如另一位当代政治学家所言，经典政治哲学提供了“一个有助于深化、活跃和指引我们从事〔经验〕调查的问题丛集”[5]。

（2）**对规范问题的有意义的讨论的确开始了。**

我们早就提示过，“美国政府应该努力在其他国家培育多头制”是一个规范的陈述，一个关于什么**本应**发生的陈述。但我们提出的另一个关于政治的陈述“政府应该制定一个普遍的健康保险规划”，也包含着实质性的规范要素。这些陈述都可以被严肃地加以讨论、阐释、分析、抨击；也可以有保留或无保留地，整个地或部分地予以接受或拒绝。而且，它们——或者其他类似的陈述——一直就是规范理论家、多数政治学家和全体公职人员在从事其本来的活动时正好要加以谈论的对象。

这样的批评性讨论有助于澄清有关术语、概念、假定的含义，厘清观念之间的关联，甚至搞明白包含在规范断言之中的经验事实。例如，第一个陈述中的“多头制”一词是什么意思；进而，如果我们说美国政府应该“努力培育多头制”，那么我们所说“培育”一词的确切含义又是什么；在第二个陈述中，“一个普遍的健康保险规划”的确切含义是什么。批评性讨论，除了有助于澄清含义和减少模糊性之外，还可以揭示出那些暗含的规范和经验假定。考虑一下隐藏在第二个陈述中的假定，其规范假定似乎在暗示：人类的健康应该被弄得或保持得尽可能地“好”；而其经验假定则是：一个普遍的健康保险规划将有助于人类达到良好的健康水平。但是，难道良好的健康水平就意味着活着必定比死去更好吗？我们应该无限期地用高、精、尖的且常常费用高昂的机器来维持垂暮之人或有重度伤病之人的生命吗？在这样的境况下，谁又应该为维持人的生命而付费呢？人们应该花很多经费来无限期地维持一个已失去意识之人的生命，还是应该只花修剪一个稍微有点变形的脚趾的钱来草率地对待那个人的生命？这究竟有没有任何的限度呢？如果一个人想去死或想自戕了事——他这么做就等于把生（“更良好的”健康）置于死（从肉体角度看，终极性不健康）之下，那么，他的这个选择也可以被允许吗？诸如此类。

如我们曾说过的那样，对规范陈述的有意义、有助益的讨论，可以而且确实已经开始了。这一陈述，可以被确有保留地或毫无保留地判断为是正确的或错误的，是好的或坏的。但在原则上，任何的经验陈述，包括关于政治的陈述（如“世界上大约 1/3 的民族政治体系是多头制的”），或关于非人的物质世界的陈述（如“地球和别的行星围绕被我们称为‘太阳’的恒星运转”），也都可以被如此加以判断。

（3）**规范分析和政治哲学必定是有争议的。**

如果说任何复杂的规范陈述或哲学理论都会得到像专家们通常就某种科学或经验发现所形成的那种程度的意见一致，是极不可能的。从一开始起，政治哲学中的种种陈述和理论就是高度争议性的。苏格拉底因争辩而闻名于世；亚里士多德与他的老师柏拉图（苏格拉底最出名的学生）之间存在着根本的意见分歧；人们对当代与政治有关的规范著作也同样充满争议。但是，我们还应补充说，关于政治的复杂的经验发现或“理论”，常常也会引发相似的反应。看来，政治分析所得出的关于政治的规范与经验的结论，在本质上都容易引起怀疑并受到来自不同角度的抨击，尽管如我们所言，这种争议、怀疑与分歧的现象在规范领域的出现大概要比在经验领域更多一些。

既然过去并不千篇一律地预示着未来，那么，从苏格拉底时代开始直到今天，政治哲学极其具有争议性的事实也必定不会一成不变。那些坚持某一特殊的规范框架或政治哲学或意识形态的人似乎往往会相信，他们自己的观点是那样合理，以至于没有任何讲道理的人在理解这些观点之后还会表示不同意。于是，一种特殊的哲学或意识形态观点——当然，往往是一个人自己的观点——有朝一日终将赢得普遍赞成的那种希望，从来就不曾破灭过。

但是，历史的记录是分歧和争议的记录，这一事实肯定不是偶然的。事实上，有充分的理由表明，没有一种特定的规范框架或政治哲学会永远博得政治哲学家、社会理论家、政治领导人、思想鼓动家、积极分子和普通公民的普遍赞同，至少在存在相对自由的讨论机遇的地方是这样。

如何决定哲学理论的真理性？一种哲学理论的真理性到底是如何被决定的，这本身就是一个困难而有高度争议的问题。不错，在自然科学中，理论、实验与现实之间的关系也远比一般设想的要复杂得多，在迅速发展的粒子物理领域或许尤其如此。[6] 然而，大自然有自己的方式——有时是温顺的，有时是蛮横的——来提醒理论家什么才是它所默许的关于它的有确实根据的理论描述。但是，自然或其他任何现实是否给道德理论的真理性强加了限定呢？如果是，那么如何限定？又限定了什么？这些问题本身就是一些存在激烈争论的议题。可见，充满争议的问题并不只限于道德理论本身。这就好像物理学家在对质子是否存在取得一致意见之前，先要解决一个哲学问题一样。这个问题就是：有没有“外在”的东西存在，如果存在，我们又如何去认识它呢？

在究竟应该如何确定道德判断真理性上的众说纷纭的一个重要原因是，人们不能就以什么来作为道德判断合理性的最终依据达成一致。这些依据包括：神启，如在《十诫》中；权威，如在取得权威认可的对神圣启示的记述如《圣经》和《可兰经》中，以及在犹太教士、牧师、宗教领袖、毛拉、僧侣等对这些记述的相继的解释中；意识，在一种非凡的知觉状态中基于对宇宙的整体性或神秘性的联想而产生；直觉；感情；个人的或整体的经历；“人类常识”；理性。一些人以这些依据之一来说明一种道德判断的合理性，这是不大可能说服其他人的，如果这些人碰巧相信这个判断只能以某些不同的依据才能加以证明的话。

一个概念清晰化的范例：雷依的《平等》

我们在本章的前面部分区分了现代政治分析的三个种类：规范的、经验的与概念的。我们还说过，这三种分析是相互交错与相互关联的，特别是在政治评价中。即便如此，在大多数政治分析中却总有一种取向占据着主导地位，不是这个就是那个。我们将用本章其余的篇幅来描述和讨论两个研究案例：一个是压倒性的概念分析；另一个是压倒性的规范分析。

规范理论中的关键术语往往涉及极为复杂的概念，因此语言本身往往就是达成一致的障碍。含义的模糊性会造成截然相反的理解，并会表现出对有着根本冲突的政策的支持。就拿**平等**（equality）来说吧，从柏拉图和亚里士多德时代到现代的政治分析，平等概念在关于民主和正义的观点中一直发挥着中心作用。那么，平等究竟是什么意思呢？

道格拉斯·W. 雷依（Douglas W. Rae）认为：

> 平等是最简单也是最抽象的概念，但世界上的实践却无可救药地具体和复杂。那么，试想象，前者何以支配后者呢？显然不能。我们所面临的平等的实际含义总是不止一个，而平等本身又不能为我们提供一个在各种含义之间作出选择的基础。[7]

雷依坚持认为，我们不能清晰地思考平等，除非有一套足以破解其多种多样且常常相互矛盾的含义的“关于平等的语法”。如果你觉察不到这些不同的含义，你就可能一概以平等的名义来轻松地选择和证明相互矛盾的政策的正当性。虽然这里没有足够的篇幅来介绍雷依的整套语法，我们还是想举出两个根本矛盾的含义来进行鲜明的对照。雷依指出，**机会平等**（equality of opportunity）不只是一个意思，而是两个非常不同的意思。机会平等可以是下列两个中的任一意思：

(1) **关于前景的**——每个人都有达到一个既定目标的相同的可能性，如工作或被一所医学院录用。

(2) **关于手段的**——每个人都有达成一个既定目标的相同的手段。

如果你想创造第一种机会平等，那你就应当设法保证每个人都有平等的运气去获得工作或医学院的职位，而不管他们的手段或资源是什么。如果你想创造第二种机会平等，那你就应该设法保证每个人都拥有达成这个目的的相同的手段、工具、资源或能力。但是，正如雷依所指出的：

> 假使人的才能是完全不平等的，那么每一个关于手段的机会平等政策都必然妨碍前景的平等，而每一个关于前景的机会平等政策都必然妨碍手段的平等。[8]

你根本不可能两者兼得。

在许多人的心目中还有一种与机会平等旗鼓相当的**结果平等**（equality of results）概念。但是，与机会平等一样，结果平等也会导致相互抵触的政策，因为它也产生了至少两个不同含义。结果平等可以是两个含义中的任一：

(1) **关于份额的**——人们被授予完全相同的东西，或份额，或份子，诸如此类。

(2) **关于人头的**——不同的人被授予对每个人而言价值相等的东西，即便它们在数量上可能并不完全相同。

关于份额的平等意味着同等对待每一个人。给予每位公民一张选票，保证每人享受12年的免费教育，或者保证每个18～30岁的人有完全平等的机会应征入伍，这些就是关于份额的平等。但是，正如雷依所言，如果应征者都领到了八号长筒靴，他们也就得到了关于份额的平等。显然，如果不发给每个人相同的靴子，而是发给每个人适合他们的靴子，就会更公平一些，甚至处处都显得要明智许多。这就是一种关于人头的平等。假设你有健康的肾，而你朋友的肾却有毛病，他如果不按常规作昂贵的透析，就将死去。根据相同的待遇或关于份额的平等，就会有这样的要求：要么两人都去做透析；要么谁都不去做。显然，这两项政策都是愚蠢的，而第二项政策对你的朋友而言甚至是致命的。在这种情况下，一项以关于人头的平等为基础的政策会使你的朋友得以接受透析，而你却什么治疗也得不到。[9]

关于份额的政策更容易确定和执行，因为你需要做的只是发放一模一样的包裹——美元、选票、应征的机会或随便什么东西。你只需判断两堆或多堆东西是否分量相等。你不需要把东西分成规格不一的几堆，以使不同的人得到相等的价值。这里的问题是：虽然以关于份额的平等为基础的政策容易运用，但它往往是很不公平的；而以关于人头的平等为基础的政策，虽然有时要公平得多，但又更难于运用，因为你必须设法为不同的人决定物品所含的价值。这样，就容易诱使你赞成关于份额的平等（毕竟它有时是公平的），或者使你完全放弃平等的观念。但是，如果你选择了第一种，你就将时常造成极端的不公正；而如果你选择了第二种，那你就干脆认输得了。

雷依有关研究平等概念的书，在概念分析类著作中是最为出色的。但是，他本人说得很清楚：他对平等概念的分析得益于人们在经验情形下的磋商，而这种情形对于在现实世界中的人们和政治体系而言又都是在所难免的。另外，如我们所说，政治学家在进行这样的概念分析时，相关的规范和经验分析是联系在一起的。确实，在我们看来，任何政治学家在开展与平等有关的规范或经验分析之前，都最好能事先阅读和琢磨雷依的整套概念澄清方法。这么说来，任何要严肃思考政治中的平等问题的学生，不论规范地还是经验地，也理应如此。

一个雄心勃勃的当代规范框架：罗尔斯的《正义论》

1971年，约翰·罗尔斯（John Rawls）出版了他那为人们期待已久的《正义论》。[10] 他的著作在英语国家立即被认为是一部对政治哲学有根本贡献的著作。在该书的刺激下，人们发表了数量空前的文章，甚至还推出了整部整部的书籍。这些论著阐释、支持，或者像学者们通常所做的那样抨击了罗尔斯的论点。[11] 然而，即使是那些拒绝其全部或重要部分理论的批评家，也仍然把他的理论作为发展替代性理论的出发点。在其后的整个十年中，几乎每年都有一些著作问世，专门探究政治哲学中的某些重大问题，并试图提出解决的方案。这是否象征着规范分析或政治哲学在政治科学中的长期复兴，还是它只是知识史的雷达屏幕上的一个脉冲呢？这个问题现在还远不好说。然而，与此同时，规范取向已成为政治科学迅速扩展的一个前沿，就如同先前经验分析的扩张那样。幸运的是，政治哲学的复兴无须妨碍经验分析的持续壮大，它甚至可以加强经验分析——经验调查者可以借助政治哲学示意的标准来判断他们想要研究的问题的相对重要性。

罗尔斯的论点表明，他相信两种道德或规范推论的**类型**之一的合理性。为了推导出这一类型的原则，他建立了一套**程序**。此外，他还提出了两条**正义原则**，并声言要用这套程序来证明这些原则的合理性。

道德推理的两种类型

设若在原则上同意公共政策的最佳法则是谋求“最大多数人的最大幸福”，那么道德推论的一种普通类型就纯粹奠基于可供选择之**结果**（consequences）的价值净总和——通过对每个人的得与失的合计来求得。出于显而易见的理由，这种类型的道德推论就被称作**结果主义的**（consequentialist）。当然，结果应当按照什么是好的或什么是合意的标准来评价。人们熟悉的标准是：幸福、愉快、满意、功利，诸如此类。为了运用这些标准而进行的辩解，通常被称为**功利主义的**（utilitarian）。功利论者的典型看法是：最好的政策是可以使某些被选中的价值（幸福、功利或任何别的什么）**最大化**的政策。[12] 现代经济学一开始就把功利主义推论的合理性视为理所当然，尽管在经济学中的效用概念已变得那样抽象和空洞，以至于它现在只不过是其早期以幸福或快乐形式表现的那个壮汉的一个鬼魂般的身影。我们的许多关于公共政策的判断仍然是以功利主义考虑为基础的。我们力图评估社会中不同的个人或集团的收益和成本，并形成关于哪项政策有利于整体上得到最大净收益的判断。事实上，如果你被完全禁止用功利主义来推论，就难以看出你如何能就公共政策得出一个合情合理的判断。

然而，罗尔斯在其正义理论中却明确地抛弃了功利主义的推论。[13] 相反，他把他的理论建立在了另一个为人熟知的概念之上，即：我们大多数人都相信某些事是正确的、好的或正义的，尽管它们并不一定会产生对最大多数人而言的最大幸福。于是，假如人们有不可剥夺、不可侵犯的天赋权利，那么这样一种权利就绝不应该被他人的净效用、净快乐或净幸福的简单总和所凌驾。如果人们具有受公平审判的不可侵犯的权利，就不能仅仅因为不经公平审判而定他们的罪能给他人以乐趣的缘故而剥夺他们的这种权利，不论想那么做的人是正在搜寻一个倒霉蛋以实施私刑拷打的亢奋不已的暴民，还是保证要给一批不得人心的持异议者定罪的立法机关，或者其实就是公民中的大多数。如罗尔斯所言，“正义否定其他人以获得更大份额利益为理由，来使某些人丧失自由”[14]。与功利主义的推论相反，罗尔斯强调了某些正义原则的绝对优先性，这反映了巴里所称“绝对主义”[15] 和罗尔斯所论述的“非本体论的”道德理论。[16]

罗尔斯几乎肯定不是批判功利主义推论的第一个人。如果说他比先前的批评家在政治哲学中造成了更大的轰动，那大概不仅是因为他提出了论证绝对原则的一套程序，还因为他确立了两条相对明确的原则。

罗尔斯的程序

道德推理的一个中心难题是如何形成可以合理地称为**通用的**甚

或普适的原则。如果那些原则只基于你自己的私利，就不大会对任何与你利益相反的人有什么说服力。罗尔斯的程序就有意于克服这一困难。

他邀你遐想：你本人与其他人试图达成一项原始协议，即一项社会契约，而这份协议又体现了你所在的社会基本结构的正义原则。这些原则就是：你作为一个自由与理性的人，一个关注于促进你自己利益的人，会接受与他人的原始平等地位。也就是说，在选择原则方面，你和他人都被假定为拥有相同的权利；你们中的每个人都能提出建议，拿出可供人们接受的理由，诸如此类。然而，在罗尔斯的一个富有原创性与最有争议的动议中，他提出：想象你自己处在一个假设的情境之中，这里有一张“无知之幕”遮蔽着你自己的具体的、个人的、个别的利益。你将要选择正义的规则，但你仿佛又不知道自己在即将出现的新社会中的处境会如何：你将会交好运或倒大霉，成为富翁或沦为穷汉，当弱者或做强者，成为精明之人或迟钝之人，诸如此类。在这种“原始处境”下，人们想要把什么基本原则写入他们的社会契约并进而体现在他们的宪法之中呢？[17] 他论证说，由于你的不确定性，你就想要去弄清楚：假如你变成了你所在社会中最为不幸的那类人，这些规则将使你不至于遭受太过严酷的待遇。毕竟，你怎么能确定未来将会带来些什么呢？不仅带给你，也带给你的家庭成员包括你的孩子及孙辈们？

正义的两项原则

罗尔斯认为，在这种情况下，你会接受下述的普遍正义原则：

> 一切社会价值——自由和机会，收入和财富，以及自尊的基础——都将被平等地分配，除非这些价值中任一或全部的不平等分配都符合每个人的利益。[18]

罗尔斯从这一普遍原则中分解出了两项正义原则：第一项，在一种民主的秩序中，保障公民政治权利的完全平等；第二项，在社会和经济价值的分配中，保障待遇的公平，尽管并非必然是完全公平的。

因此，首先，每个人都应该享有与他人类似自由相当的最为广泛的基本自由权利。

> 粗略地来讲，公民的基本自由包括：政治自由（投票和被选举出任公职的权利）连同言论自由与集会自由；信仰自由与思想自由；人身自由和拥有（个人）财产的权利；由法治概念界定的免遭任意逮捕和剥夺的自由。根据第一项原则，这些自由都要求一律平等，因为一个公正社会中的公民应享有相同的基本权利。[19]

这样，罗尔斯的第一项原则就确定了在一个多头政治体系中公民的基本权利。而且，它还绝对地优先于第二项原则："背离第一项原则所要求的自由平等权利的各项制度，是没有理由可以辩解的，或者，是不能以更大的社会和经济好处来予以补偿的。"[20]

不过，罗尔斯的第二项原则大大超越了民主国家中通行的政策。在这里，社会的和经济的不平等并未得到允许。例外只出现在这样两个条件之下：不平等符合社会中**每个人**的利益；**每个人**都有平等的机会去寻求获取不同报酬的位置。[21] 因此，在第二项原则下，财富和收入的不平等，是不能用财产权利，或者能力、天分或工作上的差异这样的结果来证明其正当性的。收入和财富应该在公民中平等地分配，除非能够证明不平等会改善每个人的境况——或许是靠增强刺激和提高产量来使**每个人**的收入得以增加。显然，要是在美国实施罗尔斯的两项正义原则，那么美国的公共政策就必须有一个深刻的变革。

对罗尔斯框架的批判

《正义论》的显著成就之一就是它触发了大量的争论。如我们已经说过的，规范分析——特别是像罗尔斯所提出的那种雄心勃勃的规范框架——必定是充满争议的。因此，评论家们几乎对罗尔斯理论的每个部分都发起了攻击。

在一些反驳中，评论家们坚持说：

- 把正义原则放在绝对优先于一切功利主义考虑的位置上，是没有理由的。
- "无知之幕"的虚构太甚，因为说你要在一个对自己的未来一无所知的情境中选择原则是不合情理的。

● 没有必要像罗尔斯在面对不确定性时所认为的那样要谨小慎微。如果你想要赌一赌出人头地的运气，那么你可能就会合理地要求这样的规则——它所允许的不平等比罗尔斯的两项原则所能提供的要大得多。

● 把政治权利放在绝对优先于社会经济权利的位置上，并不一定就是一笔合情合理的交易，或许只是在富裕国家能有所例外。[22]

● 第二项原则会禁止采取任何使境况差的人一无所获或只蒙受微乎其微损失的政策，即使许多境况稍好的人会获益良多。这似乎是完全不合理的。

蕴涵

这部分简短的对罗尔斯论断的讨论和批评，揭示了本章先前提出的关于在现代政治分析中的规范论著的三个要点。罗尔斯的著作以及它在当代政治学家中赢得的广泛关注表明，行为主义在现代政治分析中的崛起并**没有**削弱人们对好的规范分析的需要或兴趣。

另外，如果数以百计的与罗尔斯不相上下的理性的学者都认真地讨论、阐释、分析并与他辩论过《正义论》，而且全部或部分地接受或否定过它，那么，再说如罗尔斯这样的理论毫无意思，必定缺乏“认知的”意义，在本质上得不到理性的证明，因而不应该被置于合理的讨论范围之内，那就是非常武断与迂腐不堪的。因为，再明显不过了，那些理性的和讲道理的人**确实**发现了罗尔斯的理论是意义深远的。实而言之，他们发现罗尔斯理论有意义的方式，或许与一位物理学家发现一个关于夸克的陈述有意义的方式并不一样。在一位物理学家看来，“虽然夸克是一个质子的基本构成要素，但它们既不能孤立地存在，也不能被观察到”，这个陈述是有意义的。当然，一种像罗尔斯所提出的那样的理论或许是错误的。但在原则上，任何经验命题，包括那个关于夸克的命题在内，或许也都不能例外。正如我们早先指出的那样，有意义的规范问题讨论已经出现，而且正是罗尔斯的《正义论》激发了这样的讨论。

结论：多元视角、外在影响与自属政治评价框架的搭建

政治和道德哲学是充满争议的，这不应该令人惊讶。虽然许多如罗尔斯[23] 那样的作者似乎相信有理性的人类应该能够达成一致，但一些哲学家却坚持认为：价值的领域充斥着多种多样的特殊价值，如自由、平等、爱和勇气等，因而也就必定不能把它们横七竖八地装进一个和谐的体系之中。这一观点最著名的倡导者是美国心理学家和哲学家威廉·詹姆斯（William James，1842—1910），他认为价值的星系必定是多元的。[24] 用当今的行话来说，如果价值的星系是多元的，那么在冲突的价值之间就一定会有交易发生。

我们一直还未谈及“外在”影响对我们的道德判断可能产生的种种作用。但是，我们总不能忽略我们自己的特殊利益以及我们的意识形态信仰的影响吧；我们也不能忽略我们自己的文化、环境、历史阶段和忠诚的特殊作用吧。这些因素，或许是非理性的，却是任何一个共同体得以持续存在所必不可少的。[25] 你总不可能在一个人类、社会和历史的真空中作出道德判断，采纳一种政治哲学或干脆生造一种政治哲学吧。

关于价值的以及政治哲学的冲突，似乎是不可避免的。这既是一个个人的问题，又是一个政治体系的问题。

任何人在进行关于政治的判断时，都不可能完全避免价值标准的运用。如果你说：除非能够绝对地肯定你自己的价值的最后正确性，否则你将拒绝作任何判断。那么，这个说法本身就是一种道德判断。我们应该想到，这种判断是以高度不确定的价值标准为基础的，而且还得说它显得有点小家子气。然而，你可以尝试通过理解各种可选方案意义和结果的方式来负责任地作出政治评价。如同我们已经说过的，这种作出政治评价的方法，必将把规范分析、经验分析与概念分析都包括在内。当然，如果你愿意，你也可以选择不负责任地行动。

关于价值与政策的相互抵触的看法或许都可以被证明为有理，但它们也把问题抛给了政治体系。应该怎样处理这些冲突呢？何种制度又最擅长于处理这些冲突呢？要负责任地回答这些问题，你就得重温前几章中阐述过的论题：影响力形式，对强制和理性说服的评价，政治体制差异的意义，多头制的各项制度，多头制的要求和前景，甚至人类的政治本性和使人类可能更多或更少地参与政治的因素。你对这些论题的解答，就将构成你的道德与政治哲学。

注　释

［1］这里引用的陈述和我们在本段讨论中的要点均出自罗伯特·A. 达尔的《论民主》（康涅狄格州，纽黑文：耶鲁大学出版社，1998），27～28 页。

［2］参见阿伦·李帕特的《不平等的参与：民主之未解难题》，载《美国政治科学评论》，第 91 期（1997 年 3 月），1～14 页。

［3］罗伯特·A. 达尔曾就行为主义在政治科学中的兴起做过一个简明却颇怀好感的论述，见他的《政治科学中的行为主义方法：对一次成功抗辩的纪念》，载《美国政治科学评论》，第 55 期（1961 年 12 月），763～772 页。

［4］戴维·R. 梅休：《政治科学与政治哲学：本体的而非规范的》，载《PS：政治科学与政治》，XXXⅢ期（2000 年 6 月），192～193 页。

［5］史蒂文·B. 史密斯（Steven B. Smith）：《政治科学与政治哲学：一种并不轻松的关系》，载《PS：政治科学与政治》，XXXⅢ期（2000 年 6 月），189～191 页（引文出自 190 页）。

［6］有一个极端的例子，可见伯纳德·德斯巴纳特（Bernard d'Espagnat）：《量子理论与现实》，载《科学美国人》，第 241 期（1979 年 11 月），158～181 页。文章的总结如下："世界由独立于人的意识之外的客体构成，这个学说是与量子力学和实验建立的事实相冲突的。"（第 158 页）

［7］道格拉斯·W. 雷依：《平等》（马萨诸塞州，剑桥：哈佛大学出版社）。该书 1981 年版权归哈佛大学校长和同人，现已获版权许可重印。

［8］道格拉斯·W. 雷依：《平等》（马萨诸塞州，剑桥：哈佛大学出版社），64～69 页。约翰·H. 沙尔（John H. Schaar）也讨论了机会平等观念中的困难，见《机会平等及其他》，见 J. 罗兰·彭诺克（J. Roland Pennock ）和约翰·W. 查普曼（John W. Chapman）编：《平等（图解 IX）》（纽约：艾瑟顿出版社，

1967)，228～249 页。

[9] 参见雷依《平等》一书第五章中的讨论，82～103 页。

[10] 约翰·罗尔斯：《正义论》（马萨诸塞州，剑桥：哈佛大学出版社的贝尔克南普出版社，1971）。

[11] 例见：布赖恩·巴里（Brian Barry）的《自由主义的正义理论》（英国，牛津：克拉伦登出版社，1973）；罗伯特·保罗·沃尔夫（Robert Paul Wolff）的《理解罗尔斯》（新泽西州，普林斯顿：普林斯顿大学出版社，1977）。也可见《美国政治学评论》上专论罗尔斯的文章，69 卷（1975 年 6 月）。

[12] 戴维·哥梯尔（David Gauthier）在其《协议道德》（英国，牛津大学：克拉伦登出版社，1986）中采纳了一个假定，即：当且仅当人们寻求他们的利益或好处最大化时，他们才理性地行动（该书第 7 页）。最大化计划的，也是功利主义的一个问题是把价值的总量还是平均量扩展到最大。经典的功利主义者确定，要把价值总量最大化。但是，假设一个国家可以在以下两者间选择：(1) 使人口翻一番并将国民生产总值提高 20%，或者 (2) 保持人口和国民生产总值不变；那么，最大化总量需要的是第一项政策，尽管人均收入会减少 60%。因此，现代功利主义者主张把平均效用最大化，而这又将导致第二项政策。见罗尔斯著作中第 161 页及其后各页的讨论。当然，国民生产总值并不必然等同于幸福、快乐、满意、效用或任何其他合理的美好标准。但是，这又暴露了功利主义的另一个问题，即：怎样评估不同选择方案的相对价值。

[13] 罗尔斯：《正义论》，22～27 页以及 150～192 页。

[14] 同上书，28 页。

[15] 巴里：《我的邻居是谁?》，载《耶鲁法学杂志》，第 88 期（1979），630 页。

[16] 罗尔斯把非本体论理论界定为一种“既不独立于正确来规定善，又不把正确解释为善的最大化”的理论。也就是说，在一种非本体论的理论中，或是 (1) 最好的东西并不是某种像幸福那样的单纯目的，而只是能带来**正确**的东西，如正义，而不问别的目的；又或是 (2) 最好的东西并不是取决于最大化地达成某种合人所愿的目的，如幸福，而是一种绝对需要，不考虑可能产生的如幸福那样的总和。罗尔斯排斥功利主义，但他没有拒绝一般意义上的结果主义断言。非本体论的理论，如他所提出的那种，并不“独立于结果来凸显体制和行为的正确性。在判断正确性时，一切值得我们注意的伦理原则都要把结果考虑进来。一个不这样做的人，简直就是不理性的，是个‘疯子’”（《正义论》，

30 页)。他的观点是：虽然正义显然要求我们考虑到结果，例如，一个公正的审判究竟是不是某种程序的结果，但是，正义并不是个人收益和成本的净总和，而是一项绝对的权利。

[17]《正义论》，11～22 页。我们省略了罗尔斯程序中另外两个重要与高度争议性的方面，即他的相对均衡的概念（48～51 页）和他采用的最大限度战略(151～156 页)。

[18] [19]《正义论》，62 页。

[20] 同上书，61 页，也参见他为自由优先权利所做的论证，541 页及其后各页。

[21] 同上书，60～61 页以及 302～303 页。

[22] 罗尔斯假设了一个“适度稀缺的状态”（condition of moderate scarcity)。在其中，“自然资源和其他资源并不那么丰富，以至于连合作计划都成了多余；但是，种种的条件也并没有苛刻到使有成效的冒险**必定**归于失败的地步”(127、257 页)。由于在任何社会中“有成效的冒险**必定**归于失败”是不大可能的，那么，按字面解释的罗尔斯的适度稀缺的状态，甚至在孟加拉国也会存在，因而在世界各地实际上都会存在。不过，罗尔斯显然并不是要在这一点上把他的话按字面意思来解释。仅当他那本巨著快要结尾时，他才解释了**为什么**要把自由放在优先的位置上：“随着文明状况的改善，新增的经济和社会优势带给我们自己的好处的边际意义，相对于自由的利益而言，在缩减……”因为“随着福利的普遍水平的提升……只有一些不那么紧迫的需求还得通过进一步的发达来予以满足”，而与此同时，自由的益处却在增长（542～543 页)。

[23] 另一位是哥梯尔。他在其《协议道德》中提出了他所称的“道德契约论”(7 页)。基于理性选择理论，哥梯尔指出，在一种适当的状态（或许最主要的是缺乏严重不平等的状态）下，有理性的人类应该能够就道德原则达成一致。但是，假设原始的不平等和政治生活中的强制都很显著，那么他的理论的适用性就会受到局限。

[24] 威廉·詹姆斯：《一个多元的星系》(纽约：朗曼公司，1909)。

[25] 相反的观点认为：在所有人中间，不论文化、历史等如何，道德理解，如同语言、空间关系、时间关系和数目，都要通过某些确定的**阶段**而发展起来。参见心理学家劳伦斯·科尔伯格的著作：《道德发展、道德阶段的哲学和正义的观念》(旧金山：哈珀与罗出版公司，1981)。科尔伯格强调，虽然大多数人或许达不到普遍道德原则的第六个也即最高的阶段，但每个人都要通过**相**

同的阶段。初始阶段只是服从规则，以避免惩罚；发展到第二阶段，是以顺从来获取报酬、得到恩惠作为回报等；到第五阶段，把正确的行动看作得到全社会同意的个人权利；最后，到第六阶段，选出伦理原则，它们一如金律（Golden Rule）或康德的绝对命令（Categorical Imperative），在逻辑上是综合的、普遍的和连贯的。关于他对这些阶段的概述，见 17～20 页。不用说，科尔伯格的经验理论的合理性本身就是有争议的。

第四部分
政治分析：为了什么？

第十二章
现代政治分析有何好处?

在本书中，我们描述了现代政治分析，即当代政治学家在思考、谈论、著述和讲授政治时所涉及的那类活动。我们对影响力、权威、强制等诸如此类的关键政治现象进行了概念上的区分；介绍了关于政治现象（如多头政治体系和个人政治参与等）的经验发现；讨论了规范政治研究方法的性质；并提示：可以把概念的、经验的和规范的方法都纳入政治评价之中。

那么，我们还将做些什么？现代政治分析有何好处？为什么任何人都应该关心现代政治分析的结果？现代政治分析究竟能对人类的存在作出怎样的贡献？如何以及为何要适时地把"政治科学是不是**科学的**"的问题考虑进来？在目前这种背景下，究竟应该如何应用**基础研究**（basic research）和**应用研究**（applied research）的观点呢？

我们首先应该解答最后两个问题，并以解答"政治**科学**是否确实是科学的"来作为开头。在我们证明**科学方法**（scientific method）可以并且在实际上已被成功地用于现代政治分析之后，我们就将以本章剩下的篇幅来直接讨论作为本章标题的那个问题——现代政治分析有何好处？

政治的科学？

我们常常把**科学**（science）与现代的一些重大成就联系在一起。科学在研发各种疾病（如小儿麻痹症、天花等）的疗法和疫苗方面，在将人类送入太空方面，在开发塑料等新的产品方面，在制造原子弹等新的大规模杀伤性武器方面，在发明或创造我们在21世纪的日常生活中处处可见的一大堆事物方面，都发挥了重要的作用。我们还把**科学**与特定的学科或学术分支联系在一起。化学、生物学、物理学、地理学、天文学，就是可以想到的一些学科。但是，是什么让这些学科变成**科学的**呢？而且，诸如经济学、社会学和政治学等所谓的“社会的”科学又当如何理解呢？难道它们也是化学、生物学、物理学和地理学那种意义上的科学吗？

当然，现代政治分析通常是由被称为政治**科学家**的人们来做的，而且我们刚刚还提到过科学与许多重大的现代成就之间的联系。经由科学方法而得到的发现所具有的可靠性和准确性，有助于提高这些发现被有效使用的可能性。因此，在考虑政治分析的有用性时，现代政治分析是否以及在多大程度上是（或可以是）科学的问题，就变得十分重要。我们在这里的中心论点是，今天有关政治的最好的经验研究的确是科学的，就此而论，政治分析在关于政治的发现上也变得日益可靠和准确。反过来说，它潜在的有用性也得到了提高。

简明的要求，使我们不得不忽略“科学哲学”这一迷人而又复杂的知识领域中的许多精细与微妙之处。对我们来说，科学是接近或研究经验事实的一种途径。的确，科学的方法可以被应用于研究动物器官（生物学）、声音和光线（物理学）、各种物质的合成（化学）、特定职业的种族构成（社会学）、一国货币供应和通货膨胀率的下降与上升（经济学）、政党在立法机构中的多数席位的规模与其通过政党支持的议案的能力之间的关系（政治科学），甚至是一系列剧本的情节与作者的背景

（文学）。当然，上述每一种现象也可以通过非科学的方式来予以观察或探讨。对我们来说，科学方法包括：明确地陈述一个假设；通过特定的可以证实或证伪该项假设的方式来进行系统的数据收集；说明用来检验该项假设的方法；传播研究的结果，以便其他科学家可以批判性地评估有关的发现和方法，或许还可以试着重复这项研究，等等。在我们看来，政治学家可以而且也确实在**科学地**研究政治。然而，并不能因此就说，他们所做的**一切**都是科学的。正如我们在第十一章中提到的，现代政治分析可以并且经常就是下面三个方面的混合物：关于**是**什么的科学研究，关于**应该是**什么的规范的和非科学的判断，以及与研究的科学或规范方面都有关系的概念分析。

纯科学的方略

在一些政治学者中，长期以来就存在一种难以抑制的渴望，即：在不同的政治方案之间做选择，是可以在一种关于政治的纯科学的基础之上来进行的。在更早的时候，这种纯科学不仅要包括事实的或经验的因素，如同在物理学和化学中那样，还要包括规范的或评价的因素。然而，到了本世纪，“科学”这一术语的意思却日益变成了我们所说的那层意思：对于纯政治科学的渴望使得政治科学只关注经验研究。根据这种观点，经验政治科学只会心无旁骛地关心事实或经验政治命题的有效性。不错，政治科学的知识会被应用到行动中，但就它本身在行动中所追求的目的、目标或价值的有效性而论，却并不属于纯科学的范畴。

纯政治科学的某些拥护者分享着一个信仰，即：尽管存在着确立经验命题的客观有效性的科学程序，却并没有足以断定一个规范陈述（关于某事物是好的或是有价值的断言）究竟是客观真理还是谬误的任何程序。然而，那些相信有可能得出客观的价值标准的人们，却未必会反对纯政治科学的理念。毕竟，一个相信健康标准的人很有可能会想要一种可供医生治疗病人用的经验医药科学。同样，设若某个人相信某种形式的公平无可置疑地、符合逻辑地甚至是“客观地”优于不公平，那么他就可能倡导一种关于政治的经验科学。别的不说，这种科学至少能够提供科学的知识来说明促进或阻碍实现公平的那些条件。

纯政治科学是可能的或值得向往的吗？正如本章中涉及的许多其他

问题一样，这一问题也充满了争议。由于篇幅的限制，我们就不一一探讨那些争议的主题了。[1] 然而，如果只是为了揭示这场争论的复杂性，那么扫视一下其中的几个争议点还是有益的。

政治现象可以测量吗?

众所周知，测量的可能性对自然科学中的发现给予了极大的帮助。有人说，自然喜爱数量。一个关键的争论主题是，我们能够在多大程度上为政治现象提供有效的、可靠的测量方法，一种可以与化学和物理学等科学中所运用的测量方法相媲美的方法。

与其他领域一样，能够在政治学中测量差异是一种巨大而明显的优势。假设一个人正在沉思哪种政治体系最好的问题，那么，他或许就想知道是什么差异使一种政治体系成为多头制或多头制的众多替代性制度之一。

来考虑一下图 12-1 中列举的经验分析的常规方式吧。图中显示的基本范例，不仅存在于物理学和化学这样的科学中，而且在医学、社会科学甚至日常生活中也随处可见。在第七章，我们将其应用于政治体系，我们也可以将其应用于政治评价。例如，假设我们认为强制、冲突或个人自由方面的差异是重要的，那么我们就想要知道政治体系在特征上的差异（Ⅱ）是否会影响一种政治体系对强制、冲突或个人自由的“生产”（Ⅲ）。如果答案是肯定的，我们就想知道什么样的条件（Ⅰ）有可能导致或阻碍一种“自由-增进”体系、“最小-强制”体系或是“和平-协议”体系的发展。这种思考方式就是**因果分析法**（causal analysis），即试图辨别原因和结果的方法。正如在医学中一样，在政治学中，人们特别想要了解原因，以便获得合意的结果——诸如更多的自由、更大程度的公平、更有保障的安全、更少的强制、更广泛的社会和平或别的什么目标。

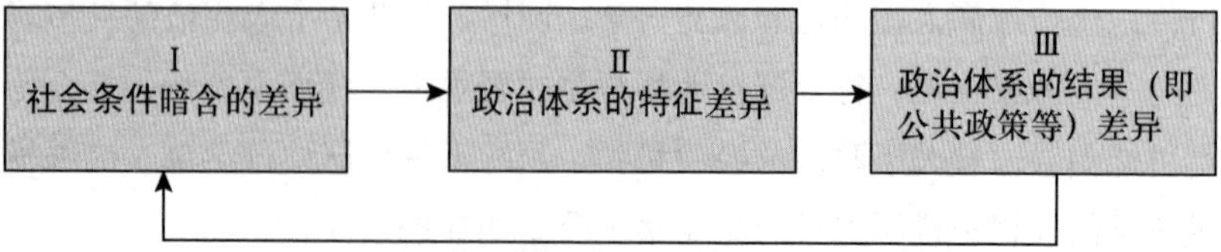

图 12-1　分析政治体系的差异：一种通用的方法

但是，我们怎么才能发现条件（Ⅰ）中的什么改变会导致体系（Ⅱ）的变化，同时又会造成结果（Ⅲ）的不同呢？由于不言自明的理由，尤其是道德上的顾虑——刻意地使某些人受到我们所能预期的或许是有害的对待，政治研究才会力拒严格意义上的实验的可能性。然而幸运的是，倘若数据是以定量形式获取的，那么通过运用更为强大的定量方法就可以得到一种不错的、在逻辑上近似于实验的结果。政治分析中的一项最近的创新——涉及巨量数据的原因和结果两个方面——竭力开发政治现象的测量方法，以提供相关差异的定量数据，而不仅仅限于提供相关的定性数据。

关于定量数据的某些较早的疑虑，可以说是一种相当简单的**测量**（measurement）理念的产物。大多数人仅仅根据测量专家们所说的比率测量（ratio-measures）——如那些用于高度、重量、人口和面积等方面的测量——来看待“测量”。尽管比率测量也被用于政治体系之间的某些差异（例如，选民参加选举的比例，当选官员试图重新当选的失败频率），但许多政治现象充其量只是进行了排序测量，也就是根据“大于”“等于”“小于”来进行排序。幸运的是，排序或排序测量也允许在数据处理中运用强大的定量方法。

定量数据的一个好处是它们为因果分析提供了极大的便利。第二个好处是，定量数据与定性数据相比，可以更加系统地加以分析，特别是借助计算机。因此，定量方法为处理大量的、快要使我们窒息的有关政治体系的数据提供了一种可能的方法。尽管定量方法完全取代更传统的定性分析方法的前景似乎十分渺茫，但几乎毋庸置疑的是，与不太遥远的过去相比，政治分析在未来会越来越多地使用定量数据和方法。

什么时候差异能“造成差异”？

差异在什么时候微不足道，什么时候又是关系重大的？你只消转一个小圈，就可以回到起点：如果你认为差异会直接或间接地引起足够大的后果，差异就是关系重大的。何谓足够大？大到不能掉以轻心。

在政治分析中，人们并非总能打破这个小圈。有时候，一个观察者认为重要的东西在另一观察者看来却完全微不足道。至于使政治体系得以相互区分的任何特征，你的分析所能解释的差异越多，你的解释就越是有用的或是“有力”的。

然而，同样的问题依然存在：政治现象中的“重要”差异是否可以精确地进行测量呢？显然，经验政治科学的效用很大程度上依赖这一问题的答案。在通向答案的过程中，读者或许会想到前面几章（特别是第八章和第九章）中的证据。仅仅在几十年前，以民主政治或多头制为尺度来比较世界各国的努力，还被多数政治学家当成笑柄。现在仍有一些人这么看，但越来越多的人却认为：对于一味依赖印象性证据的定性判断而言，即使是不充分的定量数据也是一种有益的补充。

虽然如此，但如果你因此就得出结论：你自己很快就可以依据像物理学和化学中那样可靠的事实评价来做出政治选择，那就有些为时过早了。毕竟，时至今日都还没有令人满意的方法来预测与政治选择相关的事实性知识增长的速度。人们有理由猜想，被证实的假说和理论的增加最终会与我们能够获得的关于政治学的巨量数据相匹配。但是，“更古老”、更传统的科学史却表明，更多资料不会自动地导致自然规律的发现。

即使在对我们的事实性知识增速极其乐观的假定下，在目前以及不久的将来许多政治选择也肯定会在巨大的不确定性中做出，这似乎是显而易见的。因为相比之下，物理学和化学等科学中关于不同方案的价值、道德性质或优点的判断通常是相对简单的，而在政治学中，道德判断却显得更加漫无边际和错综复杂。某个政治“事实”的相对重要性，通常在很大程度上取决于人们所使用的规范标准。

政治科学：基础对应用

在思考更加严密的政治科学的前景时，我们需要记住基础科学与应用科学之间的区分。**基础科学**（basic science）指的是对现象的分析或探究，而不考虑这些探究及其结果的直接用处。基础科学源于人们对于其周围世界的好奇心，它是对现象的基本的或根本的理解和解释，而不是像**应用科学**（applied science）那样集中关注那种具体而又实际的目的。

想象一下，有一位政治学家力图建立一种能够解释全体人类成员在政治参与中的一切变化的总体理论。这样的理论，特别是在其最初阶段，因为太过笼统和含糊，在真实世界中的可实际运用性肯定是相当有限的。作为对照，设想一下这样一项研究，其目的只是要确定：在一个用新的登记程序取代了现有登记系统的政府辖区内，有多少人参加投票，有多少额外的投票舞弊（即按照法律，本来没有投票资格的人参加了投票）发生。如果我们假定更高的投票率是合意的且投票舞弊的增加是不可取的，那么这样的“应用”研究看上去就更具有明显与直接的适用性。如果研究表明：新的登记程序的成本并不比旧系统更高，且投票率的提高并未伴随着投票舞弊的增加，那么这项研究在决定是否运用新的登记程序上就是非常具有应用性的。

在政治科学以及别的领域中，基础研究和应用研究之间并非总是界限分明的。而且，有时最初被想定的基础研究，也能导致某种立竿见影的理解效果或别的具有直接实践意义的发现。尽管存在基础/应用区隔不清的观点，但在 1969 年，时任美国政治科学协会主席的政治学家戴维·伊斯顿，依然敦促他的政治科学同行将资源和重点从基础研究转移到应用研究上来。美国与其他一些工业化国家在 20 世纪 60 年代经历的混乱的十年使得伊斯顿认为，想要防止诸如战争、内部叛乱、国内动荡之类的灾难，或者至少将其降至最低限度，政治分析就需要在改革政治科学与政治体系方面提供直接的帮助。

从后来的观点看，伊斯顿的看法似乎有点危言耸听了。然而，他对基础研究和应用研究之间的区分，以及他对这种区分与 20 世纪 60 年代危机气氛的关联性的强调，都突出了一个问题：“现代政治分析的好处究竟是什么呢?”一方面，要协助解决**当今**现实世界中的政治问题；另一方面，要形成关于政治生活根本问题的更长期、更理论化的理解。或许，这两种愿望还将一直缠斗下去。[2]

总之，当代政治学可以是而且通常是科学的。在 20 世纪的后半段，政治知识的可靠性和精确性的提高是惊人的。[3] 我们比过去任何的时候都更知晓政治生活了，而且我们正以更确定和更精确的方式来知晓着它。

政治分析为了什么？

对个人的好处（微观层次）

正如我们在第一章的开头几段所说的，政治分析的功能之一就是满足人们对政治的好奇心。[4] 人类区别于其他物种的一个显著特征，就是他们本能地对现象充满好奇，而这种好奇的方式和程度似乎是其他物种所不具备的。许多政治学家和非政治学的科学家似乎都认为，政治本身就是有趣的甚至是迷人的，因而热切地关注着它的方方面面。换言之，政治分析有助于满足那些仅仅是因为喜欢了解政治的跌宕起伏而对政治感兴趣的人们的好奇心。

但是，好的政治分析却不只具备娱乐价值和有能力满足人们关于政治如何运作的好奇心。现在就让我们来思考一下政治分析在微观和宏观层次上能够提供的其他好处吧。

首先，政治分析能使你敏锐地认识到政治的普遍性以及影响力在个人之间的巨大差异。从这个根本的出发点来看，现代政治分析的发现可以帮助你形成关于如何**政治地**行为的种种选择。“卷入”政治并对政府施加影响力？甘于消极或在政治上懈怠，从而让**他人**去支配政府或对政府（和自己）发号施令？把自己的全部或大部分生活投入政治中去，并试图对他人施加影响力？如果你决定要参与政治，你可以选择在选举机构工作，或加入一个想用暴力推翻政府的组织，或加入一个寻求控制本国政府的政党，或到诸如企业和利益集团等非政府组织中去赢取影响力。而且，你还可以选择通过政治来达到种种政治性目的：为世界上饥馑的人们提供更多的食物？为本国庞大的公民群体争取更好的经济安全和卫生保障？为你自己寻求更多的影响力、威望和金钱？让政府制定对环境更友好的政策？让政府更加戒备恐怖主义威胁，同时又关心个人在隐私和旅行自由上的相应损失？让政府在教育方面增加（或减少）开支？降低每个人或某个特殊群体的税收？让政府拟出旨在提高少数族群生活条件的计划？作为个人，你所面对的政治选择是无限的，至少在可能性上是这样。

当你面对这些问题时，详细而系统的政治分析就能够提供帮助。概念分析可以帮你澄清涉及的选择和原则。经验分析可以帮你评估拟议中的行动路线的可行性和可能的结果。规范分析可以帮你决定追求什么价值。但是，政治分析本身却并不能肯定地回答你作为个人应该做些什么的问题。你的政治参与的程度、形式和性质，仍然有待**你**在现代政治分析的**协助**（如果你选择了）下做出决定。

试考虑几个例子：

- 艾莉森是一名繁忙的专业人士，致力于一项在她看来在医学领域有重大发展前景的课题研究。她的朋友比尔请她帮助自己参加地方政府机构的竞选活动。于是，她需要决定是否要牺牲她原本打算花在实验室的时间，来帮助一个她认为会成为优秀的市政参议员的人赢得竞选。经验政治分析可以为她提供关于在同类城市的市政参议会选举中竞选志愿者的活动可能导致的结果方面的信息。类似地，经验发现还可以帮助她了解一个同等规模的城市的政府对公民生活造成的或可能造成的影响。规范分析与概念分析可以深化和澄清她对这个问题的思考，即：如何权衡她在实验室工作的相对价值与比尔当选市政参议员所能带来的不管什么样的好处。[5]

- 查利和唐娜要离婚了。结婚近 20 年，他们有许多共同的财产需要分配。双方都宁愿离婚是平和的，并试图设计一套方法来公平地分配他们的财产，从而避免任何一方对另一方施加太多的影响力，或者感觉到一方宁肯得到另一方将要获得的那份财产。在一部题为《公平分配》的书中，两位政治学家提出了一种分配共同财产的方法。这一方法叫作“矫正赢家法”（adjusted winner，AW），是一种专门用以满足双方要求的方法。最初，AW 旨在解决国际争端，现在则被成功地用于离婚诉讼。[6] AW 所要达成的结果是：“比例均衡”，即参与的双方都能至少获得他们想要的财产的 50%；“妒忌免除”，即任何一方都不会再拿自己所得的一份去交换另一方的那一份；“价值相等”，即参与双方所持有的物品具有相同的价值。查利和唐娜一学会 AW 的工作原理，就选择按这套程序来分配他们的共同财产。

- 比尔非常关心一项旨在改善少数族群待遇的行动方案，该方案可以对少数族群在就业市场上的雇佣和晋升都产生积极的影响。他同样也关注美国高校的人员录用问题。凭直觉，比尔恍恍惚惚地意识到了“机会平等”和“结果平等”之间几乎不可避免的那种紧张。于是，他阅读了政治学家雷依题为**《平等》**[7] 的著作，并越来越熟悉平等这个他以前只有模糊意识的概念所包含的复杂性，思路也清晰了许多。他感觉自己的准备充分多了，可以理解和分析那个待遇改善方案所涉及的雇佣问题与高校人员录用的问题了；而且，在选择所要支持或反对的方案上，以及在表白对这些方案的立场上，他都越发具有洞察力。这样一来，当他想要与他人讨论待遇改善方案时，他就可以更成功地说服他们，并因而对他们发挥影响力。

- 艾莉森和比尔被选出来，为其所在大学的新的学生自治会制度设计一套选举程序。旧制度被抛弃了，因为它所采用的选举程序似乎选不出优秀的学生自治会成员，也未能引起足以激发学生对学生自治会兴趣的激烈竞选。在阅读了当代政治学家研究不同种类的选举制度的原理及其优缺点的好几篇重要的论文后[8]，艾莉森和比尔提出了一套新的制度。这套制度，看上去能够让更多的学生参与进来，吸引到更优秀的候选人，并最终选出更合格的学生自治会成员。

最后的这个例子表明，当需要进行政治选择时，现代政治分析不仅对个人有好处，就是对政治体系、政府和国家等更大的政治实体也一样有好处。

对政治体系的好处（宏观层次）

正如在微观层次的政治分析一样，宏观层次的政治概念、经验、规范分析也可以为个人以及政治体系、政府和国家等集体带来好处。这些好处包括：理清政府领导人或为其提供建议的那些人的思路；了解特定行动路线的可能结果，因而也就更能切实地关照这一结果；提示国家或政府在特定的情势下**应该**怎么做。换言之，当政府和其他政治实体需要在多个可选的行动路线之间作出选择时，政治分析是可以发挥作用的。这里有几个例子。

大都市的服务配送。为大都市提供治安和公共教育等政府服务是政府领导人、公民与政治学家都很关心的大事。一个关键的问题是，地方政府在整个都市内大范围的“统合行动”对服务配送的效果和效率会造成什么影响？更具体地说，与在多重的地方政府辖区（如市区、城镇和县之类）内对应地安排多重更小的治安力量相比，统一安排大都市的治安力量能够为大都市居民提供更好还是更差的服务？对该问题的一个很容易被广泛接受的答案，就是政治学家埃莉诺·奥斯特罗姆（Elinor Ostrom）在 20 世纪六七十年代所戏言的“不证自明的真理”：如果建立服务于更多人口甚至覆盖整个大都市区域的更大的治安力量，并在此过程中取缔更小的治安力量，那么居民就能获得更好的服务。[9]

仅为了发现这一传统智慧的致命错误，奥斯特罗姆及其助手就曾开展过广泛的检验研究。

> 这一系列研究的发现一致表明，就服务于街坊四邻而言，小的和中等规模的治安部门要比那些大的治安部门更为有效，成本也往往更低一些；而且，受害率往往更低，警察的反应往往更快，公民往往更加愿意找警察，公民对与警察接触的评价也往往更为正面，公民还倾向于在一系列别的评价性问题上通通为警察打出更高的分数。[10]

而且，政治分析在大都市区域的公共教育问题上也有类似的发现，并表明政府力量在大都市区域的分散布局**不会**导致更高的成本。[11]

国家层面的政府制度设计。在第八章，我们把七种特定的制度与多头制等同了起来，并且说过我们（或许包括多数的政治学家）和世界上的许多人都相信：作为一种治理国家的方式，多头制要优越于非多头制（或独裁体制）。[12] 在第九章，我们说过，政治体系中亚文化的性质会影响到它成为多头制的几率。更明确地说，我们要求人们：关注基于种族、宗教、部落而形成的亚文化裂隙的性质；关注一个或多个受到过虐待的群体及其后代是如何记述其历史遭遇的；**而且**要关注在制度安排中的那些成功的种族、地理和人种的组合方式是否存在或是如何受人赞许的。

在什么样的制度安排最有可能促进民族政治体系中的稳定、多头制和亚文化间的和平协商这个问题上，政治学家与其他学者奉献了大量详细的研究和分析。一个重要的发现是，不同国家的选举体制存在着巨大的差别，尽管每个国家都具备我们先前描述的多头制的七种基本制度。这些基本的政治制度在澳大利亚、意大利、日本、荷兰、新西兰、瑞典、瑞士、美国和英国等国都存在，但这些国家的选举体制却呈现出了明显的区别。例如，在美国，众议院和参议院（还有国家立法机关）的成员都是通过“赢者通吃”（winner-take-all）的方式选举出来的。在这种体制下，获得多数票的人赢得所有席位，两个政党占据支配地位，而第三方几乎连一个席位也得不到。相反，在别的稳定与成熟的多头制国家（如荷兰和瑞典），国会的席位会根据政党候选人所得票数的百分比被四个或五个政党的成员获得。这些不同的选举安排的结局，一直是政治学家和别的学者倾力研究的主题，成果也很丰厚。他们的研究成果，对于正在考虑改变选举体制可能性的任何国家的公民和领导人而言，大体上说都是非常有用的，确切地讲则是不可或缺的。[13]

“民主和平论”。多头政治体系（或民主政治体系）彼此之间不会发生战争的观点，可以追溯到18世纪的哲学家伊曼纽尔·康德（Immanuel Kant）。一位政治学家在1988年回顾了人们对民主与战争关联问题的研究，他注意到：“民主国家之间没有战争几乎就是国际关系中的一个经验法则”[14]。美国前总统比尔·克林顿和英国前首相玛格丽特·撒切尔（Margaret Thatcher）等政府领导人，都信奉这样的观点：在民族政治体系中推广民主就能防止战争。克林顿的国家安全助理和乔治·W. 布什的国务卿，也都声言拥护这种主张。这么看来，现代政治分析所发现的“民主和平论”的好处，或至少是它的冲击力，似乎并非出于臆断。正如一位名声显赫的观察家所说的那样：

> 这一主张（民主国家不会彼此开战）对于（美国的）公共政策具有实质性的影响。你会听到政策制定者谈论它，因为它给国防部以清晰的政策提示：你可以准备保护自己免受威胁，或者你可以通过将一个国家变成民主国家来远离威胁。[15]

“民主和平论”的例子又把我们带回到了第八章关于多头制的七种必要制度的讨论，以及第九章中关于在民族政治体系中培育多头制的条件的讨论，特别重要的是，在确定什么使民主得以在民族政治体系中生根与存活方面所取得的那些进展。不过，为了推进相关的研究并使其具有可靠性与普遍性，首先要清晰地了解构成多头制的制度、政治文化以及亚文化。因此，我们来看看经验分析、概念分析以及隐含的规范分析之线是怎样共同编织出我们的“民主和平论”的知识之锦的。多头制扩展的好处，似乎超越了其所要扩展到的政治体系的边界。为此，我们也得感谢现代政治分析在验证和深化这一古老洞见上的贡献。

国际层面的政治制度设计。近来，“全球化”进程已成为政治分析持续关注的一个主题。但在这里，设计合适的制度也面临巨大的挑战。当世界迈入新千年之际，政治学家罗伯特·O. 基欧汉（Robert O. Keohane）以这样的视角说出了他对这个问题的想法：

> 全球化对政治科学的挑战，与美国创建者所面临的问题类似：如何为一个在规模和多样性上都史无前例的政治实体〔即政治体系〕设计制度……政治科学……应当接受这样的挑战，即要探索：结构优良的制度如何能使**世界**获得“自由的新生”[16]〔强调同于最初〕。

基于对其他政治学家的相关研究的广泛审视，基欧汉梳理出了政治学家和那些为新的全球化时代设计国际制度的人的不同考虑。他指出，规范分析和经验分析在应对全球化对现有政治制度的挑战方面需要发挥各自的作用。规范分析应该“帮助我们的学生、同事以及更广大的公众理解在一个部分全球化的世界上进行治理的必要性以及使这种治理得以合法化的原则”[17]。经验分析需要“分析使不同形式和层次的治理变得可行的那些条件”[18]。更一般地说，政治学家“需要提供关于应该如何设立全球治理制度的建议”[19]。我们之所以援引基欧汉的观点，关键在于我们也支持和分享他的断言：在正在到来的几十年中，政治分析可以而且应该为适当且有效的国际治理结构的发展作贡献。

总之，缜密而系统的政治分析可以通过不同的方式来作贡献。正如我们刚刚看到的那样，它在微观层次有益于个人问题的处理；在宏观层次有利于政府的服务配送和公共政策确定；而且在设计国家和国际层面的政治制度上也有潜在的好处。

关于如何决策的战略

或许你会说，这些都很好啊，但是，我或我们，或者政府的决策者们，在面对此类重要问题时，究竟应该如何来决策呢?

问题不算难，却没有简单答案。不过，考虑以下三种主要的可能性还是很有帮助的。决策可以通过以下战略来达成：

- 通过总体性的探究来形成理性的答案，或采取有时所称的**整体性**战略。
- 采取不那么苛刻而又更为可行的有限理性战略。
- 采取一种实验性的战略。

整体性战略。**整体性**或**全局性方法**强调了这样的决策理想：只有在通过全面探究找到理性的答案之后，才能在相互竞争的可选方案之间做出选择。这种战略，有时被认为是具备完全理性的理想战略。它可以被描述如下：

(1) 面对给定的问题。

(2) 理性的决策者先得阐明目标、价值或目的，继而再根据它们之间的关系来对其进行排序或组合。

(3) 接着，决策者要列举出实现目标的所有重要且可能的方法（即政策)。

(4) 然后要考量每个供选政策将会引起的所有重要结果。

(5) 这时，决策者就处在了一种可以比较每种政策的结果和目标的位置上。

(6) 至此，就可以选出结果与目标最为匹配的那种政策。[20]

抽象地讲，这种战略具有很大的吸引力。但在实践中，它充其量只相当于一个完全理性的定义，而完全理性在政策制定、政治生活以及别的领域都是可望而不可即的。在实践中，人们或许永远也无法获得用来在重要的政治问题上作出完全理性的决定所需的所有知识。

即使全局性或整体性战略在实践中无法完整施行，难道说它就不是理想的战略了吗？即使我们知道我们肯定与完全理性有一定的距离，难道说全局性战略就不可以为我们提供模型以实现我们所渴望的目标了吗？尽管肯定性的回答很有诱惑力而且貌似有理，但在最近几年已经有批评家指出全局性模型非常具有误导性。尽管它可以提供一种完全理性的定义，但总的说来，作为一种决策模式，它是毫无用处的甚或是全然有害的。

全局性模型的批评家[21] 坚称，决策者在实践中极少（如果不是从不）采取上面所列之全套步骤。鉴于我们的知识有限，决策是——而且**必定**是——在种种不确定性中做出的。如果我们把决策推迟到我们接近完全理性之时，那么我们就永远做不出任何一项决策。

有限理性战略。由于政府的选择常常笼罩着不确定性，一些决策研究者试图提出可以真正适应有限知识情景的决策方法。他们的方法最好被视为对整体性或全局性方法的一种反应。

在实践中，政府决策者或任何人都可以采取许多有效的方法来应付不确定性。决策者可以找到令人满意但并非十全十美的解决问题的方法。他可以做出试探性的决定，看看到底会发生些什么。他可以利用反馈或由初步决定本身所创造的信息。[22] 根据反馈的结果，他可以改变目标，甚至是极其重要的目标。他通常也可以假设，他将要做的决定是一连串无尽的步骤，因此，他可以在行进中不断地修正错误。这样，他往往就可以采取一种**渐进主义**（incrementalist）的战略：从对现有事态的大量了解开始，他可以沿着理想的方向做出若干小的或修补性的改变，然后再看看下一步该怎么走。他可以继续无限地进行渐进性的改变。一系列的渐变最终可以累积为深刻的转变。例如，如果他每年增加5%的存款，那么到了第 14 年他的存款就会翻倍。

以完全理性为目标的战略，貌似有理且非常诱人，但它们似乎根本就无法实施；而以有限理性为目标的战略，虽然看起来不那么“理性”，但在大多数情境下却是任何人在决策时都会用到的战略。的确，著名政治学家和决策研究的领衔学者查尔斯·E. 林布隆就曾指出，政府决策者应当以改善他们的渐进决策（有些讽刺意味的是，他也称这种决策为“摸着石头过河”[23]）为目标，而不要指望那种难以企及的整体性或全局性的决策。

实验性战略。由于政府的决策受高度不确定性的困扰，由于决策所依据的可靠的知识水准相对较低，由于传统上用整体性和渐进性战略方法制定出来的政策都有明显的失效，一些政治分析家就开始强调这样一种可能性，即可以通过政策被广泛采用之前的刻意**实验**或小规模探索来降低决策中的盲目性与不确定性。

显然，并非所有的关键决策都可以提前进行小规模的实验。例如，外交政策通常是不适合提前实验的。此外，这种观点还会让人产生拿无权无势的受害者做非人道实验的印象。例如，囚犯们被强迫甚至是被武力胁迫去参加他们不甚了解的项目，而他们的“同意”则是通过操纵来获得的。

那些倡导做决策实验的人指出，政府对种种问题的决策一直是在对预期的具体结果浑然不知的基础上做出的。如果政府能正确地预见已经采取的政策的后果，那么它或许就不采取这类政策了。不仅如此，如果政府能更好地了解将会采取的政策的后果，那么它或许也会拒绝这类政策。政策的种种结果会对许许多多的人造成有利或有害的影响，而且要耗费掉公私双方无数的美元。政策决定确实是在做“实验”，拿人们的福利和幸福做实验。但是，这样的实验规模宏大、代价高昂，也缺乏科学实验用以生产可靠知识的所有标准。因此，人们认为：提前实施小规模的、可控的、精心准备的探索，通常是可行的，而且也要合理得多。例如，随机选择几个议会选区来试用一种新的投票机器，然后将这些选区的投票结果（比如无效选票数）与其他随机选择的使用不同投票机器的选区的投票结果相比较。或者，也可以在社会福利领域实施大体相同的实验。比如，在随机选定的一个或多个区域内引进一种新的方法来提供福利费和儿童抚养费，然后拿这种方法的结果来做比照，看其他依旧使用传统方法的区域究竟发生了什么。[24]

上述的战略，没有哪一种可以**保证**在种种方案中发现最佳方案或拿出好的公共政策。然而，越熟悉关于决策的种种战略，就越容易确立健全的决策结构和程序，而这反过来又越**有希望**形成好的公共政策。

* * * *

与其他有赖气魄的事业（如艺术、化学、医学、数学或太空开发）一样，对政治的理解和发现也常常需要富有想象力的探索。因此，在政治分析中，下列各点必不可少：有充分根据的想象，以及对概念和事实的细心关注；在既有知识引导下超越已知“真理”的推断力；设想和凝望乌托邦的兴致；对着容易想到的方案苦苦思索难以想到的方案的意愿。总之，政治分析离不开创造性的探索，而激发我们探索的源泉就是：在政治事务中有一个交汇处，那是一个在无法企及的理想境界与经常可以达到的平庸境界之间的某个地方；在那里，有一个存在着更好选择或更差选择的大千世界正等待着我们去分析和了解。

注 释

[1] 参见J. 唐纳德·穆恩（J. Donald Moon）：《政治探索的逻辑：对相反观点的综合》，见弗雷德·I. 格林斯坦和纳尔逊·W. 波尔斯比编：《政治科学手册》（马萨诸塞州，雷丁：艾迪生-韦斯利出版公司，1975）。

[2]“政治科学的新革命”，是1969年伊斯顿在美国政治科学协会上的主席致辞。这个文本最初出现于《美国政治科学评论》第63期（1969年12月），并在他的著作中作为跋文重印，见戴维·伊斯顿：《政治体系：对政治科学状态的探讨》（纽约：科诺夫公司，1971），第2版，323～348页。伊斯顿的另一篇涉及大致相同议题的论文《政治分析的连续性：行为主义与后行为主义》，也是其跋文的一部分，见349～377页。“行为主义”这一术语，在政治科学中被用来指代将科学的方法应用于政治研究。大约是在1950年以后，这种方法的运用开始在政治学家中风行了起来。伊斯顿用“后行为主义”这一术语来指代后来兴起于政治科学内的一场运动。这场在20世纪六七十年代声势尤著的运动，旨在让政治研究变得更具有“相关性”（也就是说，以一种应用科学的方式来使它更适用于解决直接的政治问题）。我们对基础研究和应用研究的讨论，大量地援引了伊斯顿的论著。

［3］关于20世纪60年代科学方法如何在政治研究中风行开来的描述，可参见罗伯特·A. 达尔的《政治科学中的行为方法：一场成功抗争的墓志铭》，载《美国政治科学评论》，第55期（1961年12月），763～772页。

［4］读者会发现在这里重新阅读第一章的第二、三段是有用的，它们可以作为对接下来的讨论的一个引言。

［5］我们在分析时有意忽略了艾莉森的情境中政治方面的其他可能性。例如，我们并未提及艾莉森和比尔的影响力关系的可能意涵。如果她帮助比尔参加竞选，比尔会觉得有义务在未来的某个不确定的时间来回报这份恩惠。那些最初看起来只是简单的非此即彼的选择，事实上其政治的方面也是多样和复杂的，而且这类选择通常都是如此。

［6］我们对于矫正赢家法的描述转引自伦道夫·M. 西维尔森（Randolph M. Siverson）的《半瓶水吗？不，抑或满瓶水呢：国际政治学对政策研究的贡献》，载《PS：政治科学与政治》，XXXⅢ期（2000年3月），61～62页。

［7］参见道格拉斯·W. 雷依的《平等》（马萨诸塞州，剑桥：哈佛大学出版社，1981）；也参见在第十一章中我们对雷依著作的讨论。

［8］参见道格拉斯·W. 雷依的《选举法的政治后果》（康涅狄格州，纽黑文：耶鲁大学出版社，1967）；以及阿伦·李帕特的《不平等的参与：民主之未解难题》，载《美国政治科学评论》，第91期（1997年3月）。这些著述都没有提及学生自治会的选举；但其中一些发现和概念，在艾莉森和比尔思考本校的新的大学生自治会的选举制度时，都会有实质性的作用和助益。

［9］埃莉诺·奥斯特罗姆：《不证自明的真理的危险》，载《PS：政治科学与政治》，XXXⅢ期（2000年3月），33～34页。

［10］［11］奥斯特罗姆：《不证自明的真理的危险》，载《PS：政治科学与政治》，XXXⅢ期（2000年3月），37页。

［12］关于人们为什么支持民主政治，可参见罗伯特·A. 达尔：《论民主》（康涅狄格州，纽黑文：耶鲁大学出版社，1998），第五章，“民主为了什么?”，44～61页；以及罗伯特·A. 达尔：《民主与对民主的批判》（康涅狄格州，纽黑文：耶鲁大学出版社，1989），特别是其中的第三部分，“关于民主过程的理论”。

［13］雷依的《选举法的政治后果》是一项关于这一主题的广泛而权威的研究。另见：阿伦·李帕特：《民主的模式》（康涅狄格州，纽黑文：耶鲁大学出版社，1999），第九章，143～170页；乔瓦尼·萨托里（Giovanni Sartori）：《比

较宪政工程：对结构、动因和结果的探讨》，第二版（英国，汉普郡，贝辛斯托克，汉德米尔斯：麦克米伦出版公司，1997）。

[14] 杰克·S. 列威（Jack S. Levy）：《国内政治与战争》，载《跨学科史学杂志》，第4期（1988年春），653～673页。转引自伦道夫·M. 西维尔森：《半瓶水吗？不，抑或满瓶水呢：国际政治学对政策研究的贡献》，载《PS：政治科学与政治》，XXXⅢ期（2000年3月），60页。我们对于"民主和平论"的讨论，大多以伦道夫的文章为基础，见59～64页。对于这一问题，政治学家布鲁斯·M. 鲁西特（Bruce M. Russett）做的研究或许比其他任何人都多。他最近的贡献，参见布鲁斯·M. 鲁西特和约翰·R. 奥尼尔（John R. Oneal）：《三角和平：民主制度、相互依赖与国际组织》（纽约：诺顿公司，2001）。他更早的贡献，可参见布鲁斯·M. 鲁西特：《关于"民主国家彼此不开战"现象的神秘证据》（伊利诺伊州，厄巴纳：伊利诺伊大学政治科学系，1992）。

[15] 约瑟夫·克鲁泽尔（Joseph Kruzel）：《至多算分歧，隔阂谈不上》，载《梅松国际研究评论》，第14期（1994年4月），180页，转引自西维尔森《半瓶水吗？不，抑或满瓶水呢：国际政治学对政策研究的贡献》，载《PS：政治科学与政治》，XXXⅢ期（2000年3月），61页。

[16] 基欧汉：《在一个部分全球化的世界中的治理》，载《美国政治科学评论》，第95期（2001年3月），1页。另见罗伯特·A. 达尔：《国际组织可以是民主的吗？一个怀疑论者的观点》，见伊安·夏皮罗和卡西亚诺·海克尔-科登（Casiano Hacker-Cordon）编：《民主的界限》（英国，剑桥：剑桥大学出版社，1999），19～36页，以及詹姆斯·托宾（James Tobin）：《对达尔怀疑论的一个批评》，37～40页。

[17] 基欧汉：《在一个部分全球化的世界中的治理》，载《美国政治科学评论》，第95期（2001年3月），11页。

[18] [19] 基欧汉：《在一个部分全球化的世界中的治理》，载《美国政治科学评论》，第95期（2001年3月），12页。

[20] 查尔斯·E. 林布隆和爱德华·J. 伍德豪斯（Edward J. Woodhouse）：《政策制定过程》，第三版（新泽西州，恩格尔伍德克里夫斯：普伦蒂斯-霍尔公司，1993）。也可参见林布隆：《"摸着石头过河"的科学》，载《公共管理评论》，第29期（1959年春），79～88页。

[21] 批评全局性决策方法并支持有限战略的一个领军人物是林布隆，他的观点可参见查尔斯·E. 林布隆和爱德华·J. 伍德豪斯的著作，特别是13～22

页；以及D.伯雷布鲁克（D. Braybrooke）和林布隆：《关于决策的一种战略》（纽约：自由出版社，1963）。另可参见《民主的智慧》（纽约：自由出版社，1965）。在《政治与市场》（纽约：基础图书公司，1977）中，林布隆虽然对有限理性战略没有那么热情了，但还是对集中设计的综合计划中的那种自称的理性提出了严厉的批评。特别地，可参见该书322～324页。整体性战略的另一个主要的批评者是赫伯特·A. 西蒙（Herbert A. Simon）。他一直认为，实际行为必然要远远落后于理性行为模式的要求。于是，他提出了“受限理性原则”来作为替代方案。参见《人的模型》（纽约：约翰·威利父子出版公司，1957），196页及其后各页；《行政行为》，第二版（纽约：麦克米伦出版公司，1957），80页及其后各页；以及西蒙在《人类事务中的理性》（加利福尼亚州，斯坦福：斯坦福大学出版社，1983）中进行的简短而有趣的说明，特别是12～35页和75～107页。

［22］参见卡尔·W. 多伊奇（Karl W. Deutsch）：《政府的神经》（纽约：自由出版社，1963），第11章，“作为掌舵过程的政府：反馈、目标和宗旨的概念”，182～199页。

［23］林布隆：《“摸着石头过河”的科学》。

［24］数十年前，华盛顿的布鲁金斯学会创立了一个社会实验讨论小组，以“评估实验作为一种增加知识（有关国内社会政策和联邦政府计划的执行效果的）的方法的有用性”。研究成果包括：爱德华·M. 格兰里奇（Edward M. Gramlich）和帕特丽夏·P. 科塞尔（Patricia P. Koshel）的《教育执行承包：对一项实验的评估》（1975）；约瑟夫·A. 佩齐曼（Joseph A. Pechman）和P. 迈克尔·泰彭（P. Michael Timpane）编：《工作动机和收入保障：新泽西的消极所得税实验》（1975）；艾丽斯·M. 里福林（Alice M. Rivlin）和P. 迈克尔·泰彭编：《有计划的变化：我们应该放弃还是更加地努力？》（1975）。

图书在版编目(CIP)数据

现代政治分析/(美) 达尔，(美) 斯泰恩布里克纳著；吴勇译. —6 版. —北京：中国人民大学出版社，2012.5
ISBN 978-7-300-14872-4

Ⅰ.①现… Ⅱ.①达…②斯…③吴… Ⅲ.①政治学-研究 Ⅳ.①D0

中国版本图书馆 CIP 数据核字（2012）第 090635 号

现代政治分析（第六版）
[美] 罗伯特・A. 达尔　布鲁斯・斯泰恩布里克纳　著
吴　勇　译
Xiandai Zhengzhi Fenxi

出版发行	中国人民大学出版社		
社　址	北京中关村大街 31 号	邮政编码	100080
电　话	010－62511242（总编室）		010－62511770（质管部）
	010－82501766（邮购部）		010－62514148（门市部）
	010－62515195（发行公司）		010－62515275（盗版举报）
网　址	http://www.crup.com.cn		
经　销	新华书店		
印　刷	涿州市星河印刷有限公司		
开　本	720 mm×1000 mm　1/16	版　次	2012 年 6 月第 1 版
印　张	13.5	印　次	2024 年 6 月第 3 次印刷
字　数	189 000	定　价	58.00 元